SVEN NORMAN ER REITET

NORDISCHE VOLKSLIEDER UND BALLADEN

HERAUSGEBER: MAX KUCKEI

ZEICHNUNGEN: WILHELM PETERSEN

VERLAG FÜR GANZHEITLICHE
FORSCHUNG UND KULTUR

2. Auflage 1984
Die 1. Auflage erschien im Alster Verlag, Wedel
Verlag für ganzheitliche Forschung und Kultur
2257 Struckum/Nordfriesland
Druck: Breklumer Druckerei Manfred Siegel
ISBN 3-922314-36-8

ZUM GELEIT

Die Sagas und Bauerngeschichten, vorchristlichen Heldenlieder und mittelalterlichen Balladen des Nordens sind urwüchsige Poesie. Sie stehen nicht neben dem Leben, sie sind kraftvolles Leben selbst. In ihnen lebt der Mensch aus dem Einssein mit seiner Heimat und für seine Heimat. Und Heimat, das ist vor allem Geist, Sitte und Schicksal der Geschlechter vor und neben ihm, das sind die Tugenden, Fehler und Werke dieser Geschlechter, und eine Natur, die in ihrer Rauheit und Ungebärdigkeit nur einen Menschenschlag leben läßt, der ihre Gesetze achtet, sich aber vor allem auf seine eigene Kraft verläßt. Diese Poesie kündet von großen mythologischen Bildern, von kühnem Freiheitssinn und Stolz, von Melancholie, Heiterkeit, Leichtsinn und Trotz. »Es klirrt von Waffen und Würfelspiel, der Met schäumt, und Barden besingen die Taten unsterblicher Helden. Luftige Elfen, die dem sterblichen Menschen sein Glück neiden, schlagen Herrn Olof das frohe Herz siech, daß er an seinem Hochzeitstag sterben muß, und Wassermann oder Berggeist verlocken schöne Jungfrauen in ihre Welt. Wenn der alte Wäinämöinen, der kundige Sänger finnischer Runen, singt, lauschen selbst die Tiere. Aber auch von Liebesleid und -lust klingen diese Lieder des Nordens, und Scherz und Spott treiben ihr buntes Spiel«.

Eine vergleichende Liedforschung hat gezeigt, daß trotz gewisser Nationalprägungen, die hauptsächlich in Klima und Geschichte begründet sind, eine große Liedverwandtschaft lebendig ist, auf die Wilhelm Grimm erstmals hinwies. So finden wir im ganzen Norden das Lied von den zwei Königskindern oder die Ballade vom Schloß in Österreich, Lieder auf Siegfried und Dietrich von Bern und Lieder aus neuerer Zeit; auch lebte in allen nordgermanischen Völkern der Glaube an Geistergeschlechter, die mit übermenschlichen Kräften begabt sind: Elfen und Nixen, Kobolde und Berggeister. Während aber der Süden nach der Christianisierung viel rascher den Mythos der Väter aufgab – wohl deshalb, weil dort die geistigen und politischen Umwälzungen viel tiefgreifender waren –, lebte dieser Mythos, wenn auch vielfach verändert und geschwächt, noch über Jahrhunderte hinweg in den von südlichen Einflüssen wenig berührten Ländern des Nordens, erfüllte ihre Lieder und hielt sich in ihnen bis in die neuere Zeit.

War die Frühzeit dieser Liederdichtung noch rein nordisch bestimmt, so setzte vor allem mit Hanse und Reformation ein Zustrom deutscher Poesie nach dem Norden ein, wurde aber trotz modischer Strömungen und dank eines starken Traditionsgefühles nicht beherrschend und ebbte nach dem 17. Jahrhundert wieder ab, um einem Rückstrom nach dem Süden Raum zu geben. Schon Gerstenberg wies auf die Kraft und die Schönheit nordischer Skaldendichtung hin, und Herder begeisterte eine in Regelzwang und Unnatur erstarrte Welt durch seine altnordischen Gesänge. Als Wilhelm Grimms dichterisches Einfühlungsvermögen mit seinen 1811 erschienenen »Altdänischen Heldenliedern« den Bann gebrochen hatte, brachten zahlreiche Übersetzungen weitere Kunde von nordischer Landschaft und Dichtung. An diese Arbeiten möchte die vorliegende Sammlung anknüpfen; sie ergänzt die älteren Anthologien durch Aufnahme neuerer Lieder, die den Blick nicht nur auf den vor- und frühgeschichtlichen Norden, sondern auch auf die späterer Zeit bis heute lenken.

Jede Generation, die als ein Glied der unendlichen Geschlechterkette wiederum die nächste Generation hervorbringen soll, bedarf der Überlieferung in Kultur und Sitte, um Herz, Verstand und Willen auszubilden und das Mindestmaß einer Vorstellung vom Sinn und Wesen des menschlichen Lebens zu vermitteln. Lieder sind hierzu eine überaus wichtige Hilfe, sie können Bindeglied zwischen den vergangenen und den kommenden Geschlechtern sein, die Fähigkeit zu musischem Erfassen, Erleben und Ausdruck fördern und kulturelle Werte und Ziele von der einen Generation in die nächste weitergeben. Und in diesem Sinne mag diese Liedersammlung als Anregung, Bereicherung und Hilfe angesehen werden.

Im Geleitwort zur ersten Auflage schrieb Max Kuckei:

»Die mitgeteilten Lieder entstammen teil älteren, teils eigenen Übersetzungen. Ich spreche aufrichtigen Dank jenen. . . aus, die mich durch Mitteilung von Material unterstützten: Es sind die Herren Grüner Nielsen - Kopenhagen, Fritz Volberg - Oslo, Olof Edman - Stockholm und Dr. A. O. Wäisänen - Helsinki. Besonderer Dank gebührt Herrn Universitätslektor Magister Henning Henningsen - Hamburg, der mir bei den Übersetzungen kameradschaftlich zur Seite stand, sowie Professor Wilhelm Petersen - Elmshorn, dem Künstler und Freund des Nordens.«

Der Verlag

DÄNEMARK

(Algrev und die Königin)

Der er et yndigt Land,
det staar med brede Böge
naer salten Osterstrand;
det bugter sig i Bakke, Dal,
det hedder gamle Danmark,
og det er Frejas Sal.

Erste Liebe

Ich sucht' im Osten, ich sucht' im Westen,
viel Schöne sah ich in Süd und Nord.
Ich sah so manches schmucke Mädchen tanzen,
doch niemals die, der einst ich gab mein Wort.
Die erste Liebe bleibt immer doch die beste,
und nie vergeß' ich dich, mein feines Lieb.

Und kann ich nicht zu meinem Schätzchen kommen,
zu Pferde nicht und nicht zu Fuß,
wenn erst vergangen ist des Winters Schnee,
so will ich fahren wohl über blaue See.
Die erste Liebe bleibt immer doch die beste,
und nie vergeß' ich dich, mein feines Lieb.

Algrev und die Königin

Algrev bläst in das Hörnlein sein.
— Die längste Nacht! —
Die Königin hört's im Kämmerlein.
Mich zwang der Liebe Macht.

Die Königin ruft den Knaben klein:
„Bitt Algrev zu gehen vor mich ein."

Algrev eintrat und vor ihr stand:
„Was wollt Ihr, Kön'gin, dieweil Ihr gesandt?"

„Erleb' ich meines Herren Tod,
sollst du herrschen über mein Gold so rot."

„Halt ein, schöne Kön'gin, sprich nicht solch Wort,
Ihr wißt nicht, wer mag horchen dort."

Sie dachten, sie wären allein, die zwei,
stand aber und horchte der König dabei.

Der König hieß zwei Diener gehn:
„Die Königin bittet vor mir zu stehn."

„Hört Ihr, meine Königin, zart und fein,
was spracht Ihr abends mit dem Grafen mein?“

„Ich sprach nichts anders mit dem Grafen dein,
als daß Ihr tapfer, voll Tugend und fein.“

Der König hieß zwei Gesellen gehn:
„Den Grafen bittet vor mir zu stehn.“

„Hör du, mein Graf, was ich sage zu dir:
Was sprach am Abend die Kön'gin mit dir?“

„Ich sprach abends nichts anders mit der Königin,
als wie tapfer und tugendlich Euer Sinn.“

Der König sprach zu dem Knaben klein:
„Die Köche laß vor mich gehen herein.“

„Ihr sollt zerhauen in Stücken den Graf,
tragt ihn auf die Tafel der Kön'gin danach.“

Lang saß die Königin und blickt' es an:
„Von einem Reh das nicht sein kann."

„Algrev ist's an des Königs Hof!" —
Die Stücke klein sie all' aufhob.

Sie wickelte sie in weiß Hermelein,
sie legte sie in den vergüldeten Schrein.

Nahm groß und kleine Stücke schnell,
so ging sie hin zur Mariboe-Quell.

Und tauchte sie in die klarste Flut:
„Steh auf, steh auf, du Christmann gut!"

Der Mann stand auf und dankte Gott.
— Die längste Nacht! —
So zog er aus dem Lande fort.
Mich zwang der Liebe Macht.

Herr Norman und Christelein.

Die Segler kehrten zurück vom Streit.
Ach! So beglückst du mich!
Sie zankten sich über die holdeste Maid.
Und ihm verlobt sie sich.

„Ich wette all mein rotes Gold,
die Christel wünscht nicht Normans Tod.“

„Ich wette mein Leben und was es sei:
Die Christel ist ihm nicht getreu.“

Herr Norman hörte jedes Wort:
Wer Recht hat, ja, das prüf ich sofort.

Er nahm sein seidenes Wams so rot
und legte sich hin, als wär' er tot.

Die Krieger steuern an das Land,
und Christel wandelt im weißen Sand.

„Willkommen, kühne Königsmacht,
wer führte Euch an in blutiger Schlacht?“

„Im Kriege führte man so uns an.
daß wir verloren den besten Mann.“

„Ja, ja, der beste Mann erblich:
Herr Ritter Norman nennt er sich.“

Schön Christel hört's mit entsetztem Sinn.
Vor Schmerz sie sinket zu Boden hin.

„Und ist es wahr, ist Norman tot,
ich bau ihm eine Kirche so rot.

Die Mauern von grauem Marmelstein,
das Grab von weißem Elfenbein.

Den Sarg mit Silberbeschlag und Knauf
und oben vergoldete Schrift darauf.

Und wer vorübergeht, spricht dann:
Dort liegt Klein Christels verlobter Mann.“

Nicht länger duldet Norman den Schmerz,
springt auf und drückt sie zehnmal ans Herz.

Herrn Norman Dank, dem Ehrenmann!
Seine Hochzeit mit Singen und Tanzen begann.

Der holden Jungfrau guten Dank!
Sie war ihm treu ihr Leben lang.

Nun hat die Jungfrau verwunden den Harm.
Ach, dann beglückst du mich!
Allnächtlich schläft sie in Normans Arm,
und ihm verlobt sie sich.

HERR LUNO UND DIE

MEERFRAU

Herr Luno, er läßt sich ein Schiff wohl bau'n,
und war wohl kein Schiff wie dieses zu schau'n.
— Sie holen ihr Gold auf Grönland. —

Es war zwischen beiden Steven vergold't
und darauf der Name Mariä hold.
— Sie holen ihr Gold auf Grönland. —

Es war zwischen Bord und Bord vergüldt'
und darüber der Name Jesu mild.
— Sie holen ihr Gold auf Grönland. —

Die Segel, sie waren von Seide zu schau'n,
das eine war golden, das andre war blau.
— Sie holen ihr Gold auf Grönland. —

Von weißem Silber die Rahen schlank,
der Mastkorb war wohl von Golde so blank.
— Sie holen ihr Gold auf Grönland. —

So trugen sie zum Strande schnell
Herrn Luno's Anker und Ruder hell.
— Sie holen ihr Gold auf Grönland. —

Herr Luno segelt aufs Meer hinaus,
dort trifft er die Meerfrau, in Zorn und Graus.
— Sie holen ihr Gold auf Grönland. —

„Hör du, Herr Luno, kehr heim, kehr heim,
sonst wandel dein Schiff ich in harten Stein!"
— Sie holen ihr Gold auf Grönland. —

„Und nimmer wohl erlebst du den Tag,
wo ich einer Meerfrau weichen mag!"
— Sie holen ihr Gold auf Grönland. —

Die erste Welle die Meerfrau warf,
in Stücke da Segel und Mast zerbarst.
— Sie holen ihr Gold auf Grönland. —

Als die zweite Welle sie schleudert ergrimmt,
das Segel von Seiden im Meere schwimmt.
— Sie holen ihr Gold auf Grönland. —

Es fragt die Gesellen der Steuermann:
„Und ist hier denn keiner, der Runen kann?"
— Sie holen ihr Gold auf Grönland. —

Da sprach Herr Luno, der wohledle Mann:
„Die Runen ich selber wohl schreiben kann."
— Sie holen ihr Gold auf Grönland. —

Er schrieb die Runen auf's Lilienblatt weiß,
so band er die Meerfrau mit großem Fleiß.
— Sie holen ihr Gold auf Grönland. —

Er schrieb die Runen auf's Lilienblatt fein,
er band so die Meerfrau an einen Stein.
— Sie holen ihr Gold auf Grönland. —

„Herr Luno, Herr Luno, und löse du mich,
sieben Tonnen Silbers, und die sind für dich."
— Sie holen ihr Gold auf Grönland. —

„Sieben Tonnen Silbers, die achte von Gold.
Mein edler Herre, sei gnädig und hold!"
— Sie holen ihr Gold auf Grönland. —

„Bleib sitzen und stirb in Martern und Pein.
Denn nimmermehr lös' ich die Bande dein!"
— Sie holen ihr Gold auf Grönland. —

„Und wer hier segelt, dem sag es an:
Dich band Herr Luno mit weißer Hand.“
— Sie holen ihr Gold auf Grönland. —

Herr Luno, er segelt nach Grönland heim,
Die Meerfrau sitzet gebunden an den Stein.
— Sie holen ihr Gold auf Grönland. —

Königin Dagmars Tod.

Königin Dagmar, sie liegt wohl in Ribe krank,
läßt sich nach Ringsted bringen,
und alle Frauen im dänischen Land
sie bitten um gutes Gelingen.
In Ringsted ruht Königin Dagmar.

„Holt mir wohl vier, holt mir wohl fünf,
holt mir die weisen Frauen.
Ich will vor allen klein Kerstin schön,
des Herren Schwester, schauen."

Klein Kerstin nun zur Tür eintrat
in züchtigem Bewegen.
Die Königin sich aufrechtsetzt,
sieht froh ihrem Kommen entgegen.

„Klein Kerstin, kannst du wohl lesen und schreiben,
zu lösen meine Pein,
so sei der schönste Scharlach rot
und der schnellste Renner dein."

„Wohl kann ich lesen und schreiben auch,
tu es alles gar gern und mit Fleiße.
Doch will ich dir die Wahrheit sagen:
Deine Krankheit ist härter als Eisen."

Sie nahm wohl St. Mariens Buch
und las, was zur Heilung wollt taugen,
konnt' nicht das Licht in der Lampe sehn,
so schmerzten ihre Augen.

Sie führten die Königin auf und ab,
die Schmerzen wollten nicht enden.
„Und kann es denn nicht besser werden,
tut Botschaft dem Könige senden."

Das war der kleine Knappe flink,
der hörte der Königin Bitten,
er sattelte das schnellste Roß,
das sie so oft geritten.

Der König wohl an dem Fenster stand,
sah über die Fluren, die weiten.
„Seh dort ich nicht unsern Knappen jung
so sorgenvoll herreiten?

Ja wahrlich, es ist unser Knappe jung,
so traurig seine Augen sehn.
Nun hilf du, Vater im Himmelreich.
wie mag es Frau Dagmar gehn?"

Eintrat der treue Knappe mit Hast,
zu dem König er sagte die Wort':
„Und wollt Ihr noch einmal die Königin sehn,
so eilet gar schnelle fort."

Der König sprang vom Tische auf,
seine Diener klagten und sangen:
„Verhüte es Gott im Himmelreich,
daß der Tod ihr bleiche die Wangen!"

Und als er ritt von Skanderborg,
ihm folgten wohl hundert der Seinen.
Doch als er kam in Ribe an,
da ritt er ganz alleine.

Groß Jammern erfüllte der Königin Haus,
man hörte der Klagenden Worte.
Frau Dagmar starb in Klein Kerstins Arm,
als der König klopft' an die Pforte.

Der König zu der Tür eintrat,
da sah er den Totenschragen.
„Du großer Gott im Himmelreich,
hilf mir mein Leid ertragen!

Ihr Frauen hold und ihr Diener so treu,
schickt Bitten ins Himmelreich,
daß ich noch einmal die Königin spreche,
mein Herz zerspringt mir vor Leid."

Die Königin erhob sich von ihrer Bahr',
ihre Augen voll Blute stehn:
O weh, du liebster Herre mein,
wie müßt Ihr mich wiedersehn.

Die erste Bitte, die ich Euch sag',
werdet gern Ihr mir erweisen:
Gebt allen friedlosen Männern Fried'
und löst die Gefang'nen von Eisen.

Die zweite Bitte, die ich Euch sag',
da ich Euch zum letztenmal schau:
Verlobet Euch stolz Berngard nicht,
sie ist eine harte Frau.

Die dritte Bitt', die ich Euch sag',
sie gilt dem Kinde mein:
Laßt Knud wohl, meinen jüngsten Sohn,
König in Dänemark sein.

Ich brauchte im Fegefeuer nicht zu brennen
bei Tag und bei der Nacht,
hätt' ich nicht Gold auf meinen Ärmel genäht
und auf meine Haube gebracht.

Doch nun ist es Zeit, daß ich scheiden muß,
mich fliehen die Schmerzen, die harten.
Schon läuten des Himmelreichs Glocken für mich,
und die Englein auf mich warten."
In Ringsted ruht Königin Dagmar.

klein ROSE und ihre MUTTER

Rose klein mit ihrer Mutter am Abhang saß,
vertrieb wohl die Zeit sich mit Singen und Spaß.
Ha ha ha, na na na! Mit Singen und Spaß.

„Und eher sollen tragen die Waldbäume Gold,
als daß ich einem jungen Gesellen werd' hold.“
Ha ha ha, na na na! einem Gesellen werd' hold.

Herr Peder beiseite hat sich lachend ergötzt:
„Es lacht doch am besten, wer da lachet zuletzt!“
Ha ha ha, na na na! wer da lachet zuletzt.

Klein Rose wurde rot wie tropfendes Blut,
sie guckte ins Gras wohl, verlor allen Mut.
Ha ha ha, na na na! verlor allen Mut.

Und als sie verließen das Waldmoos so weich,
da hing wohl ein Goldring an jedem Zweig.
Ha ha ha, na na na! an jedem Zweig.

Da küßte Herr Peder ihre Lippen gar fest:
„Es lacht doch am besten, wer da lachet zuletzt!“
Ha ha ha, na na na! wer da lachet zuletzt!

Die versagte Braut.

Ein schöner junger Ritter im Haine wohl sinnt.
all seine Gedanken bei der Feinsliebsten sind.
Er will sie heimführen als seine Braut,
denn sie war ja so jung und so schön.

Der Ritter zum Vater des Jungfräuleins ging:
„Ich biete Eurer Tochter in Ehren den Ring,
und ich will sie heimführen als meine Braut,
denn sie ist ja so jung und so schön."

„Herr Ritter, Herr Ritter, Ihr erbittet ein Reh,
doch ein fremder, wilder Jäger hat gefangen es eh,
meine Tochter ist verlobt einem Herzog gar hoch,
denn sie ist ja so jung und so schön."

KLEIN CHRISTEL GEHT ZUM TANZE

Klein Christel, sie ging vor ihre Mutter stehn:
„Oh, soll ich nicht ein wenig zur Burgstube gehn?“
„Trau meinem Wort!
Du kommst nicht als Maid aus dem Tanze!

Und was willst du denn in der Burgstube tun?
Gar viele Ritter sind drinne nun.

Und Herr Peter ist dort mit dem goldenen Haar,
der ärgste Schalk in des Königs Schar.“

Klein Christel, so dringend sie bat,
ihre Mutter endlich nachgeben tat.

Klein Christel, sie trat in die Burgstube hinein,
Herr Peter klopft ihr auf die Wange fein.

Herr Peter breitet aus seinen Pelzmantel blau:
„Behagt es Klein Christel, zu ruhen darauf?“

„Ich will nicht sitzen, und ich will nicht stehn,
viel lieber will ich zum Tanze gehn."

Klein Christel, sie tanzte in fröhlichem Ring,
Herr Peter ward müde, zu Bette er ging.

Des Königs kleiner Diener, er trat herein:
„Klein Christel, Herr Peter liegt im Bette sein.
Nun eilet heim,
wollt Ihr kommen als Maid aus dem Tanze!"

Klein Christel zog ab den Goldring fein
und gab ihn an des Königs Diener klein.
„Nimm, dein soll er sein.
Nun komm ich als Maid aus dem Tanze!"

Klein Christel hernieder die Treppen sprang,
ein goldener Sporen wohl hinter ihr klang.
Sie sang, sie sang, sie sang.
Sie war gekommen als Maid aus dem Tanze!

Herr Peter war verwirret im Sinne sein,
er wußte weder aus noch ein.
Er konnte nicht gehn,
er konnte nicht stehn.
Sie war gekommen als Maid aus dem Tanze.

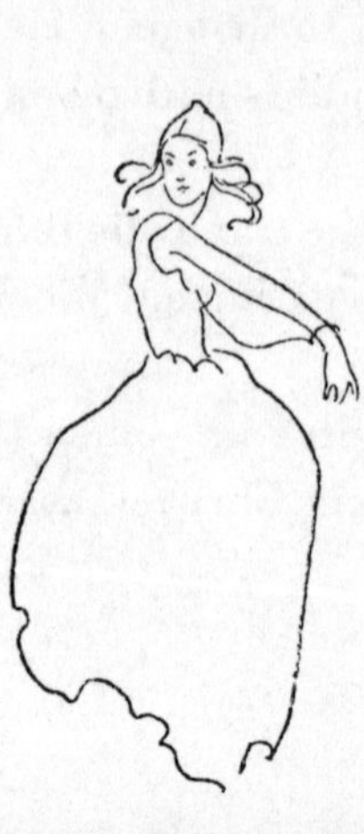

Des Nixen Verrat.

Es geht ein Tanzen im Königshof klar
— Auf der Heiden —
Dort tanzen die Mägdlein mit wallendem Haar.
— Mich dünkt, gar schlimm ist das Reiten.

Dort tanzen die Mägdlein so frisch und so rank —
Auf der Heiden —
Dort tanzen die Ritter mit Schwertern blank.
Mich dünkt, gar schlimm ist das Reiten.

Die Ritter wohl tanzen mit Schwertern blank,
des Königs Töchterlein gar lieblich sang.

Stolz war die Jungfrau, sie sang und lacht,
das hörte der Nix, unterm Eise er wacht.

Auf stand der Nix und schmückt sich schnell.
„Ob nicht die Jungfrau mich wählen will?"

Er schuf sich Gewande, so golden als grün,
und nannt' sich Herr Allfast, ein Königssohn kühn.

Er schuf sich ein Rößlein aus Wasser klar,
und Zaum und Sattel aus Sande war.

Er schuf sich ein Rößlein, so schwarz als weiß,
in vergüldetem Sattel er reitet mit Fleiß.

Und als er wohl kam vor der Jungfrau Tor,
da ging ein fröhlicher Rundtanz davor.

Da band er sein Roß an die Kirchentür an
und wandelt' im Tanz, bis die Weise hielt an.

Die Jungfrau streckt ihre weiße Hand herfür:
„Wohlan, Herr Allfast, Ihr tanzet mit mir!"

„Und nimmer will ich tanzen mit dir,
es sei denn, du folgest von hinnen mir!
Und wollt, stolze Jungfrau, Ihr folgen mir,
eine Krone von Golde, die geb ich Euch hier.

Ich geb' Euch fürwahr ein herrlich Goldband,
kam nie ein solches in Euer Land.

Und ist Euer Vater auch König über dies Land,
er gab Euch nimmer ein schöner Goldband.

Euer Vater ist König über all diese Reiche.
er gab Euch nie eine Goldkron' so reiche."

„Wie aber kann ich folgen dir?
Gar starke Hüter bewachen mich hier.

Es wachen Vater und Mutter mein,
dazu acht Ritter, edel und fein."

„Und wachten all deine Sippen am Ort,
du sollst mir doch folgen nach deinem Wort."

Er hatte ein Fohlen, war sanft im Lauf,
so leichtlich hob er die Jungfrau hinauf.

Er ritt wohl über die Heide daher,
sein Gold, das leuchtet' ins Weite so sehr.

Sie ritten zusammen durch Wald und Gefild,
er hält sein Roß an der Flut so wild.

„Hört Ihr, Herr Allfast, mein Bräutigam gut,
was wollt Ihr an dieser wilden Flut?"

„Ich bin nicht Herr Allfast, dein Bräutigam gut,
meine Heimat, sie ist wohl in dieser Flut."

Auf fünfzehn Goldnäglein und vier Goldschuh'n
in die reißende Flut sinkt die Jungfrau nun.

Das hörte man tief ins Land hinein.
— Auf der Heiden —
Man hört unterm Wasser die Jungfrau schrei'n.
— Mich dünkt, gar schlimm ist das Reiten.

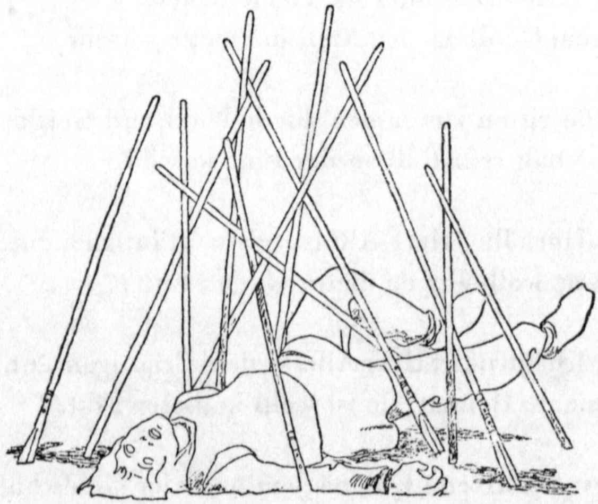

Torbens Tochter.

Wir waren so viele Geschwister klein,
— dort am waldigen Hang —
so frühe fiel uns der Vater mein.
Als der Morgen kam und der Nebel sank.

Sie schärften die Spieße bei sinkender Sonn',
— dort am waldigen Hang —
und am Montag gar früh sie ritten davon.
Als der Morgen kam und der Nebel sank.

Wo das Wäldchen dort stößt an das Ackerfeld,
sie fanden Herrn Torben, der den Pfluggriff hält.

„Hier gehst du, Herr Torbe, stolz und fein,
ich verlange die Sühne für die Blutsfreunde mein."

„Ich will euch geben, was ihr begehrt,
dazu meine Tochter, eine Jungfrau wert.“ —

„Wir sind nicht gekommen um Acker und Gut,
wir fordern von dir dein Herzensblut.“

Sie schlugen Herrn Torbe, bis stumm er und kalt
wie das Laub auf der Erde da drüben im Wald.

Wild sprengten sie über Herrn Torbes Land,
am Tor vor dem Hofe sein Töchterlein stand.

Da stand seine Tochter so schlank und schmal,
trug in zarten Händen den Goldpokal.

Mit lachenden Augen sie schenkte ein:
„Sollt herzlich willkommen im Hause sein!“ —

„Hätt' ich gewußt, du seiest so gut,
nie hätt' ich gefordert deines Vaters Blut.“

„Weh, daß Ihr erschlagen den Vater mein!
Ihr brachtet mir großen Jammer und Pein!“

„Und hab ich Euch Böses angetan,
so sollt Ihr von mir nur noch Gutes empfah'n.“

Er setzte sie auf sein Streitroß grau,
schlug um die Jungfrau den Mantel blau.

So ritt er über die Heide her,
— dort am waldigen Hang —
niemals sah sie ihren Vater mehr.
Als der Morgen kam und der Nebel sank.

Die Jungfrau im Berge

Herr Peder, er segelt am Felsenhang.
— Ihr tanzet gar schön —
Er hört, wie stolz Adeluds im Berge sang.
Ihr merket, wie schön wir im Tanze stehn.

Herr Peder sprach zu seinen Gesellen:
— Ihr tanzet gar schön —
„Schafft mir die Jungfrau her zur Stelle!"
Ihr merket, wie schön wir im Tanze stehn.

Dreihundert Mannen, sie standen in Reih'n,
— Ihr tanzet gar schön —
sie sollten ihm schaffen das Jungfräulein.
Ihr merket, wie schön wir im Tanze stehn.

Und also redet der Diener klein:
— Ihr tanzet gar schön —
„Ich hole die Jungfrau, ich ganz allein!"
Ihr merket, wie schön wir im Tanze stehn.

Der Diener vor breitem Tische stand:
— Ihr tanzet gar schön —
„Liebe Jungfrau, mein Herr hat mich gesandt."
Ihr merket, wie schön wir im Tanze stehn.

„Steht auf, stolz Adeluds, kleidet Euch fein",
— Ihr tanzet gar schön —
„heut Nacht sollt Ihr finden den Herren mein!"
Ihr merket, wie schön wir im Tanze stehn.

„Hör an, du schneller Diener klein",
— Ihr tanzet gar schön —
„wie heißet denn der Herre dein?"
Ihr merket, wie schön wir im Tanze stehn.

„Mein Herr ist Herzog Heinrich genannt",
— Ihr tanzet gar schön —
„sein Schifflein liegt vor Braunschweig am Strand."
Ihr merket, wie schön wir im Tanze stehn.

Sie geht in die Kammer an ihren Schrein
— Ihr tanzet gar schön —
und kleidet sich in Silber fein.
Ihr merket, wie schön wir im Tanze stehn.

Sie kleidet sich in Gold über Gold,
— Ihr tanzet gar schön —
Mit Ringlein die Hände sie schmücken wollt'.
Ihr merket, wie schön wir im Tanze stehn.

Und wie sie gingen den Weg entlang,
— Ihr tanzet gar schön —
da lehrt sie ihn Runen auf weißer Hand.
Ihr merket, wie schön wir im Tanze stehn.

Sie lehret ihn, das Wetter zu wenden
— Ihr tanzet gar schön —
und milde Winde leise zu senden.
Ihr merket, wie schön wir im Tanze stehn.

Und als sie kommen war zum Strand,
— Ihr tanzet gar schön —
Herr Peder reicht ihr die weiße Hand.
Ihr merket, wie schön wir im Tanze stehn.

„Willkommen, stolz Adeluds, mein Herzlieb Ihr!"
— Ihr tanzet gar schön —
„Ein Liebesliedchen, das singet mir!"
Ihr merket, wie schön wir im Tanze stehn.

Wohl zweimal sie tanzten im Schifflein rund,
— Ihr tanzet gar schön —
dann ging sie in den Bergesgrund.
Ihr merket, wie schön wir im Tanze stehn.

Und wär' nicht gewesen der Diener klein,
— Ihr tanzet gar schön —
sie hätt' sie versenket ins Meer hinein.
Ihr merket, wie schön wir im Tanze stehn.

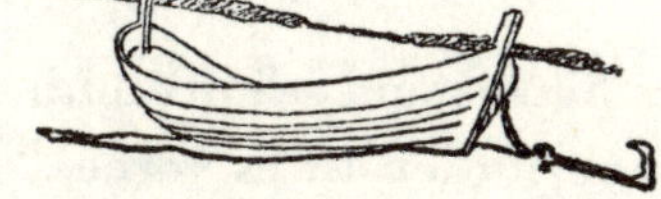

Das verwundete Mädchen.

Es geht ein Tanz im Burghof grün,
— seid achtsam, ihr Edelinge! —
dort tanzen Ritter so stolz und kühn.
Man ehre die Frauen im Tanze.

Da tanzen die Ritter in scharlachnem Kleid,
so auch Klein Kirsten, die schöne Maid.

Es tanzen die Ritter und Maiden,
das bloße Schwert an der Seiten.

Und die Klinge, die ein Ritter schwang,
in Klein Kirstens weiße Hand wohl drang.

Sie schnitt sich wohl in die Fingerlein,
kann niemals mehr führen die Nadel fein.

Sie schnitt sich wohl in die Hand gar sehr,
kann niemals nähen und sticken mehr.

Mit blutender Hand Klein Kirsten ging
zum König, der sie mit Fragen empfing:

„Klein Kirsten, du liebste Tochter mein,
was tropft das Blut aus dem Ärmel dein?"

„Für meinen Bruder ich räumt das Gemach,
sein blankes Schwert auf dem Bette lag.

Ich trug es hinaus und schnitt mich dabei —
mit Goldsaumsticken ist es vorbei."

„Und wer soll denn nun die Kleider dir nähen,
die Ärmel mit goldenem Band versehen?“

Der Ritter, in scharlach Gewand gekleid’t,
er hört’, was zum König sagte die Maid.

Und er streichelte leis ihre Wängelein:
„Willst du mir die Allerliebste sein?

Meine Schwester soll dir die Kleider nähen,
meine Jungfrau’n die Ärmel mit Gold versehen.

Meine Jungfrauen sollen dich schmücken gar fein,
ich selbst will dich führen, Klein Kirsten mein.“

Das wundert den König im Scharlachgewand:
„Du freist um die Maid, der zerschnitten die Hand?“

„Ich selber wohl traf sie mit Schwertes Hieb,
drum hab’ ich die Jungfrau vor allen so lieb.“

Nahm Abschied der Ritter, gab Herz ihr und Hand,
— Seid achtsam, ihr Edelinge —
so führt’ er sie heim in sein Vaterland.
Man ehre die Frauen im Tanze!

Bauer und Krähe.

Der Bauer, der wollt' in den Wald mal gehn,
Tralderalderara!
Da hat er eine Krähe hüpfen gesehn,
Tralderalderara!

Da schlug der Bauer einen Nebenweg ein,
die Krähe kam wohl hinter ihm drein.

Da dachte der ängstliche Bauer bei sich:
„Das ist eine Hexe sicherlich!“

Der Bauer zurück ins Dorf ging nun:
„Ich glaube, die Krähe will mir was tun.“

Die Frau, die fuhr darüber ihn an:
„Wer hörte je, Krähen bissen einen Mann!“

Mit der Büchse nun ging er zurück in den Wald,
da sah er die Krähe hüpfen alsbald.

Vor's Knie nun setzet der Bauer sein Gewehr,
da plumpst die Krähe vom Baume schwer.

Der Ruf ging weit und breit durch's Land:
Der Bauer, das ist ein tapferer Mann!

Bald kam ein Bote vom Bischofsschloß:
„Was tatst du mit der Kräh, die du schoß'st?"

„Aus dem Kopf macht' ich einen Knopf für den Kirch-
turm hier,
aus dem Schnabel einen Zapfen für mein Faß Bier.

Mit den Federn, da macht' ich ein Dach für mein Haus,
aus dem Talg so an zwölf Pfund Lichter daraus.

Von der Haut, da näht' ich mir zwanzig Paar Schuh
und für meine Frau zwei Pantoffeln dazu.

Von dem Fleisch, da salzt' ich eine Tonne mir ein,
dazu den Braten für den Herrn Pfarrer mein.

Ein Schiff, das baut' ich mir aus dem Geripp,
so stolz in des Königs Flotte keines gibt!

Von den Därmen, da macht' ich mir Takel und Tau,
eine Mistgabel macht ich aus jeder Klau.

Aus dem Schwanze, da macht' ich zum Schutz
mir 'nen Hut,
wie das Weibsvolk im Sonnenschein tragen tut."

Der Bauer ward reich durch die Krähe derzeit
und lange sich des mit dem Weibe erfreut.

„Nun soll mich die Krähe beißen nicht mehr,
darob sich die Welt dann verwundert wohl sehr!"

Spricht einer: „Ein Märchen ist das offenbar",
so kann ich's ihm schwören: es ist alles wahr!

Lave und Jon

Ich bitt' euch, all meine Mannen stolz,
— Rüstet euch schon! —
Bindet um den Helm aus rotem Gold
und folgt Herrn Jon!

Herr Peder wohl kam nach Hause vom Thing,
— Rüstet euch schon! —
Klein Kirsten ihm entgegen ging,
zu fragen nach Jon.

„Willkommen, Herr Peder, lieb Vater mein,
„was bringst du Neues vom Thinge heim?“
Alles um Jon.

„Die neueste Nachricht weit und breit
ist, daß Jungherr Lave um dich gefreit,
und nicht Herr Jon." —

„Und freite der junge Herr Lave um mich,
so bringt ihm das Kummer sicherlich
vom lieben Jon."

Herrn Lave's Boten die Hochzeit ansagen,
Herr Jon hieß seine Pferde beschlagen.
„Ich will mit" sagte Jon.

Herr Jon wohl nach dem Hochzeitshaus reit't
auf stolzem Roß, in eisernem Kleid.
„Ich komm" sagte Jon.

Als abends die Sterne am Himmel stehn,
da sollte die Braut zu Bette gehn.
„Ich will mit" sagte Jon.

Die Botschaft kam zu Herrn Lave ein:
„Herr Jon weilt bei dem Bräutchen dein!"
Das tut Herr Jon.

Sie geleiten die Braut wohl an das Tor,
Herr Jon trug selber die Lichter ihr vor.
„Ich zuerst!" sagte Jon.

Herr Jon schloß die Türe zum Brautgemach:
„Sagt eurem Herrn Lave recht schön Gute Nacht
von Herrn Jon."

Und früh am Morgen, kaum war es Tag,
Herr Lave erhob vor dem Könige Klag.
„Ich will mit" sagte Jon.

„Mein edler Herr König, Euch darf ich's sagen,
eine böse Tat muß ich beklagen." —
„Von mir" sagte Jon.

„Ich hatte gefreiet ein Bräutchen mir,
ein andrer Ritter der blieb bei ihr."
„Das war ich" sagte Jon.

„Und liebt Ihr beide die Jungfrau so sehr,
so sollt Ihr wohl um sie brechen den Speer."
„Ich gewinn" sagte Jon.

Beim ersten Treffen, manch Jungfräulein schrie,
Herrn Laves Pferd ging in die Knie.
„Steht auf!" sagte Jon.

Und beim zweiten Treffen die Mannen schrein,
Herr Lave brach sich Arm und Bein.
„Bleib liegen“ sagte Jon.

Die Jungfrau klatscht in die Hände vor Freud:
„Den stolzesten Kämpfer wohl sah ich heut!“
Umkehrte Herr Jon.

Ich bitt euch, alle meine Mannen stolz,
— Rüstet euch schon! —
Bindet um den Helm aus rotem Gold
und folget Herrn Jon!

Die Verlassene.

Ich geh in schwerem Denken —
ich liebe den, der mein nicht wird.
Weil ich in Freuden lebte,
ist Trauer mir beschert.
Groß Trauer, daß er mein nicht ist,
den ich geliebt so sehr —
viel falscher Menschen Neid und List,
die schufen mir Beschwer.

Hätt' ich doch nie gesehen
dein Angesicht, dein Aug' so blau,
so wär' ich nie gekommen
ins ferne Land so kalt und rauh,
so wär' ich froh gewesen
und frei von Sorg und Gram,
nie wär' der Tag gekommen,
der dich mir wieder nahm.

Viel lieber will ich wandern
den langen, langen Weg zurück,
als in der Fremde unter andern
erleiden falscher Menschen Blick.
Auf ödes Feld ich fahre hin
und schlage auf mein Zelt.
Zu Tode ich betrübet bin —
mit ihm starb mir die Welt!

Der Fuchs macht sein Testament.

Niels Fischers Gans, die war stolz und fett,
er macht ihr jede Nacht in der Kammer das Bett.
— Laßt gehen den Tanz! —

Niels Fischer mußte zu Markte fahrn,
Da vergaß seine Gans er zu bewahrn.

Und Botschaft kam zu Niels Fischer im Nu:
„Mit der Gans läuft der Fuchs grad dem Walde zu!"

Niels Fischer gab dem Tisch 'nen gewaltigen Stoß,
das braune Bier auf die Erde floß.

Er lief noch geschwinder als Pferd und Wagen
und packte den diebischen Fuchs beim Kragen.

„Mein lieber Niels Fischer, ach gönn mir noch Zeit,
bis daß ich mein Testament hab bereit.

Dem Vogte vermach ich wohl meine zwei Ohren,
daß er auf dem Thing mag besser hören.

Des Vogtes Knecht vererb' ich meinen Schwanz,
seine Ehrlichkeit verdient ihn ganz.

Den Nönnlein schenk ich den Pelz gar fein,
daß sie mich beten ins Himmelreich ein."

Lang stand wohl Niels Fischer und lauschte dem Wort —
schnell stob der Fuchs da zum Walde fort.
— Laßt gehen den Tanz! —

Hans Nielsen's Mutterschaf

Ich öffnet' meine Truhe,
gefüllt mit Kleidern schön.
Da nahm ich meine Hosen,
die mir besonders stehn,
dazu der Mutter Mantel,
die West' aus feinster Seid',
so schmückte ich mich herrlich
und macht' mich auf die Freit'.

Ich guckt' noch in den Spiegel
und fand mich riesig nett.
Mich dünkte, daß kein Mädchen
so stolzen Freier hätt,
ging zu Hans Nielsens Sidsel,
die war so jung und reich
und zweifelt' keine Stunde,
daß sie mich nähme gleich.

Als ich bei ihr dann ankam,
der Vater war verreist,
schön Sidsel war alleine,
das freut mich allermeist.
„Guten Abend, kleine Sidsel."
„Guten Abend, großer Per."
Sie schmunzelte so lieblich,
die zuckersüße Deern.

Ich wollt' nicht grad drauf losgehn,
das kann ja jedermann,
so fing ich denn bedächtig
von andern Dingen an:
Daß Vater nicht zu Hause,
das tut mir wahrlich leid,
wollt' ich doch von ihm kaufen
ein Schäflein für die Weid.

„Mein Vater ist verreiset,
doch willst du folgen mir,
will ich das Lamm dir weisen."
Schon stand sie vor der Tür.
Ich folgt' dem schönen Mädchen
wohl zu dem Schafstall hin
und wollte klug erforschen
der kleinen Sidsel Sinn.

Ach hör, du liebe Schöne,
weil wir alleine sind,
so kann ich dir ja sagen,
daß du mir liegst im Sinn.
Ich wollt' aus diesem Haufen
kein Schäflein holen, schau,
ich kam ja nur gelaufen,
weil ich dich wollt' zur Frau.

Ich brauch' nicht Geld noch Kleider,
mein Haus ist hoch und fest,
von Wolle und von Leinen
die Truhe voll aufs best.
Ich suche mir ein Weibchen,
und du nur mir gefällst.
Ich paß', so möcht' ich glauben,
zu dir als Mann von Geld.

„Ja, schön sind volle Kisten
mit Kleidern aus Samt und Seid',"
so lächelte Klein Sidsel,
„ich's wohl zu schätzen weiß.
Ich lieb' auch gutes Wohnen
im Haus von festem Stein —
aber könnt' mich nie gewöhnen
an deine schiefen Bein'."

Da sprang ich aus der Türe,
enteilt in vollem Lauf,
und hinter mir die Tiere,
die lachten mich noch aus.
Es tat mir weh im Herzen,
daß sie mit Spott mich traf,
werd' mich zu hüten wissen
vor solchem Mutterschaf.

Was nützet mir ein großes Haus,
wenn noch so schön die Stein!
Mit Mädchenliebe ist es aus,
weil krummlich mir die Bein.
Da steh ich nun, bin jung und stark
und reich schier wie ein Graf,
und dennoch mußt' verzichten ich
auf Nielsens Mutterschaf.

Die Jungfrau als Wolf.

Ich stand wohl in der Kammer und bürstete mein Haar,
— mein herzlieber Freund —
da kam meine Stiefmutter in den Hof gefahren.
— Seitdem man meine Mutter begraben hat.

Ich steckte die Bürste wohl in das Mieder,
hob die Stiefmutter mein vom Wagen hernieder.

Doch das verdroß die Stiefmutter mein,
daß ich so glücklich sollte sein.

Sie schuf mich um zu einer Scher,
daß stumpf ich sein sollt', scharf nie mehr.

Am Tag, da schnitt ich's Ärmelein,
lag zu der Nacht in gold'nem Schrein.

Doch das verdroß die Stiefmutter mein,
daß ich so glücklich sollte sein.

Sie schuf mich um zu einem Schwert,
ich sollt' begehen Taten unwert.

Am Tag schmückt' ich des Ritters Seit',
schlief zu der Nacht in weißer Scheid'.

Doch das verdroß die Stiefmutter mein,
daß ich so glücklich sollte sein.

Schuf mich zu einem Wolfestier,
das laufen mußt wie Sturmwind schier.

Sollt' laufen und leben in grimmer Wut,
bis ich getrunken ihr Herzensblut.

Der Sommer verging, schon herbstet es sehr,
meiner Stiefmutter wurde das Herze schwer.

Da nahm sie Mantel und stolzen Kragen
und fuhr zur Kirche in ihrem Wagen.

Doch als sie wieder begegnet mir,
fiel ich sie an als Wolfsgetier.

Da trank ich der Stiefmutter Herzensblut
und wurde wie früher eine Jungfrau gut.

Nun bin ich Prinzessin in Königs Land
— Mein herzlieber Freund —
und kleid mich in eitel Seide und Samt.
— Seitdem man meine Mutter begraben hat. —

Die Blutrache.

Sie vermählten Stolz Ellin, die schöne Maid,
sie gaben sie fort übers Meer so weit.
— Sie weinte so bittere Tränen. —

Sie gaben sie fort so weit aus dem Land
und in ihres Vaters Mörders Hand.
— Sie weinte so bittere Tränen. —

Das stund wohl an acht volle Jahr,
Stolz Ellin sah nie ihre Brüderschar.

Stolz Ellin läßt brauen und mischen Wein,
sie läd't ihre Brüder zu sich ein.

So herzlich da Herr Lovmor lacht
und lachte nicht früher in Jahren acht.

Stolz Ellin wohl im Hochsaal steht,
sie hört im Hof ihrer Brüder Red'.

Stolz Ellin hüllt sich in Pelz gar fein,
sie geht ins Gemach vor Herrn Lovmor ein.

„Mein Herr, und möcht's Euch belieben,
herkämen meine Brüder, die sieben?"

„Sie sollen mir alle willkommen sein,
als ob sie wären die Söhne mein."

Herr Lovmor begann zu lachen,
da barst die Mauer mit Krachen.

Und als es worden Abendzeit,
Stolz Ellin hält das Mahl bereit.

Sie setzt ihren Herrn auf den Hochsitz hehr,
setzt den Brüdern Sessel am Tisch ringsher.

Herrn Lovmor schenkte sie roten Wein,
schenkte süße Milch ihren Brüderlein.

Sie bereitet ihr Lager auf kalten Stein,
daß nicht der Schlummer sie fange ein.

Sie legt' auch ihnen zur Seite
ihr Messer, erprobt im Streite.

Sie legte unter ihren Pfühl
ihr nacktes Schwert und den Panzer kühl.

Beim ersten Schlaf, Stolz Ellin fand,
Herr Lovmor insgeheim aufstand.

So geht er in die Halle,
ihre Brüder würgt er alle.

So nahm er denn das Bruderblut,
ließ rinnen es in ihr Horn so gut.

Herr Lovmor tritt zur Tür herein,
da bleicht Stolz Ellins Wängelein.

„Mein Herr, Herr Lovmor, saget mir,
woher zur Nachtzeit kommet Ihr?"

„Draußen war ich im Freien,
ich hörte die Habichte schreien.“

„Was redest du vom Habicht dein?
Mag Gott den Brüdern gnädig sein!“

„Du trink nur, trink, Stolz Ellin gut,
trink deiner sieben Brüder Blut!“

„Gar wenig acht ich der Brüder sieben,
seid Ihr, mein Herr, am Leben geblieben.“

Das stund wohl an acht volle Jahr,
Herr Lovmor sah nie seiner Söhne Schar.

Herr Lovmor läßt brauen und mischen Wein,
so läd't er die Söhne zu sich ein.

So herzlich da Stolz Ellin lacht
und lachte nicht früher in Jahren acht.

Herr Lovmor wohl im Hochsaal steht,
er hört' im Hof seiner Söhne Red'.

Herr Lovmor hüllt sich in Pelz gar fein,
er geht ins Gemach vor Stolz Ellin ein.

„Stolz Ellin, und möcht's Euch belieben,
herkämen meine Söhne, die sieben?"

„Sie sollen mir alle willkommen sein,
als wären sie die Brüder mein."

Sie setzte Herrn Lovmors Söhne zu Tisch,
schenkt ihnen ein vom Met so frisch.

Herr Lovmor trank den Wein so klar,
seines Lebens achtet er wenig gar.

Stolz Ellin bereitet' ihr Lager auf Kissen,
sie gönnt ihnen wohl den Schlummer, den süßen.

Sie bereitet' auf weichen Polstern ihr Bett,
darauf sie Schlafrunen schreiben tät.

Beim ersten Schlaf, den Herr Lovmor fand,
Stolz Ellin insgeheim aufstand.

Stolz Ellin wohl zum Pfeiler ging,
wo alle Schwerter stunden im Ring.

Sie nahm von allen das trefflichste Schwert,
sie Herrn Lovmors Söhne zu wecken begehrt.

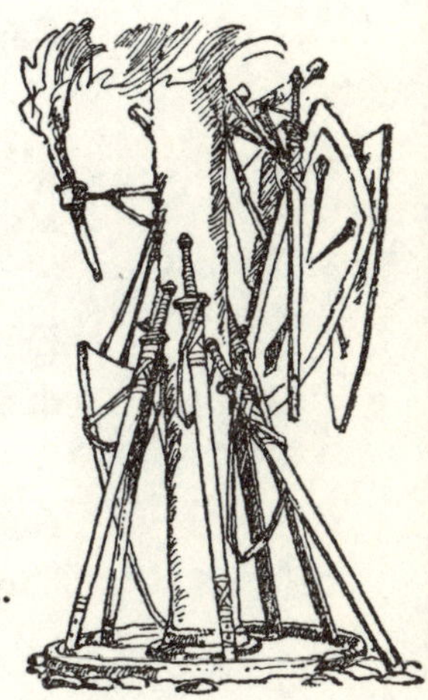

Stolz Ellin geht in die Halle,
würgt seine Söhne alle.

Sie griff sie bei den Locken hell,
schlug ab ihr Haupt über'm Bettgestell.

Das tat sie in ihrem grimmigen Zorn,
sie ließ ihr Blut in ihr eigen Horn.

„Wacht auf, Herr Lovmor, und schauet her!
Im Schlaf verrat ich Euch nimmermehr!

Trinkt jetzt, trinkt jetzt, Herr Lovmor gut,
trinkt Euer sieben Söhne Blut!"

„Gar wenig acht' ich der Söhne sieben,
bist du mir, Stolz Ellin, am Leben geblieben!"

Herr Lovmor griff nach dem Schwerte blank,
sie hatt' ihn gebunden an Fuß und Hand.

„Halt ein, Stolz Ellin, erschlag mich nicht!
Gar nimmermehr verriet ich dich."

„Mich dünkt, das war Verrats genug,
als mir dein Schwert den Vater schlug!

Erst schlugst du mir den Vater mein,
dann meine sieben Brüderlein!

Du brachtest sie alle zu frühem Tod,
hab drum getragen große Qual und Not.

Gewißlich räch' ichs so an dir,
wie du sie all erschlugest mir."

Das Messer sie zog aus dem Ärmel rot,
sie schlug Herrn Lovmor auf den Tod.

Da sprach das Kind, das in der Wiegen lag:
„Ein Gleiches tu ich, erleb' ich den Tag!"

Sie stieß an die Wiege in Zornesmut,
aufgab das Kind sein Herzensblut.

„Ich weiß, du bist von demselben Blut,
ich weiß, du wärest mir nimmer gut."

Und all' die Nächte sie wachte,
sie Totenkleider machte.
Sie weinte so bittere Tränen.

„Nun hab ich geschlagen Mann um Mann,
nun will ich in meines Vaters Land."
Sie weinte so bittere Tränen.

DER TOTEN WIEDERKEHR

Sven Dyring ritt in das Land hinein
— War ich selber doch jung! —
und freit sich allda eine Jungfrau fein.
— Mich treibt es, ins Land zu reiten.

Sie lebten zusammen sieben Jahr,
und sieben Kinder sie ihm gebar.

Da kam der leid'ge Tod ins Land
und nahm die Lilie bei der Hand.

Sven Dyring ritt wohl ins Land hinauf
und freit sich ein andres Jungfräulein drauf.

Er freit sie als Jungfrau und führt sie nach Haus,
doch sie war bitter im Herzen und graus.

Und als sie fuhr in den Hof hinein,
mit Tränen schauten die Kinderlein.

Es boten die Kinder ihr traurigen Gruß,
sie stieß sie hinweg mit herrischem Fuß.

Sie gab ihnen weder Bier noch Brot
und sprach: „Ihr sollt leiden Hunger und Not."

Sie nahm ihnen weg die Polster blau
und sprach: „Ihr sollt liegen auf bloßer Streu."

Sie löschte die großen Wachslichter aus
und sprach: „Ihr sollt liegen im dunklen Haus."

Und des Abends spät, wie es klagt und ruft,
da hört es die Mutter in ihrer Gruft.

Sie ging vor unserm Herrgott stehn:
„Ach, darf ich zu meinen Kindern gehn?"

Sie bat mit Tränen wohl so lang,
bis daß ihr Gott gewährt den Gang.

„Doch vor'm Hahnenruf sei wieder hier.
Nicht länger verweilen darfst du mir."

Die Mutter erhob ihr müd' Gebein,
da barsten wohl Mauer und Marmelstein.

Und als sie ging das Dorf entlang,
da heulten die Hunde erschreckt und bang.

Und als sie kam an's Burgtor hinan,
da stand ihre älteste Tochter daran.

„Was stehst du hier, lieb Töchterlein,
und wie geht es den kleinen Geschwistern dein?"

„Du bist doch nimmer die Mutter mein,
denn sie war fröhlich, hübsch und fein.

Meine Mutter war weiß mit Wangen rot,
doch du bist bleich als wie der Tod."

„Wie sollte ich schön wohl sein und fein!
Ich bin ja gestorben, mein Töchterlein.

Wie sollte ich weiß wohl sein und rot!
Ich bin doch nun so lange tot."

Und als sie trat in die Stube hinein,
da standen in Tränen die Kinder klein.

Das eine sie strählt, das andre sie flicht,
das dritte sie herzt, mit dem vierten sie spricht.

Das fünfte nahm sie auf ihren Schoß,
als wollt' sie ihm geben die Brust so bloß.

Sie sprach zu dem ältesten Töchterlein:
„Bitte Sven Dyring zu mir herein."

Und als er eintrat wohl in das Gemach,
mit zürnendem Sinne sie zu ihm sprach:

„Ich hinterließ dir Bier und Brot,
meine Kinder die leiden Hungers Not.

Ich hinterließ dir Polster blau,
meine Kinder auf bloßer Streu ich schau.

Ich hinterließ Wachslichter dir,
meine Kinder liegen im Dunkeln hier.

Und muß ich das noch einmal sehn,
gar übel und schlecht soll's euch ergehn."

Da antwortet Klein Karin, die im Bette ruht:
„Allzeit bleiben wir deine Kinder gut."

„Jetzt kräht der Hahn, der rote,
zu Erden muß der Tote.

Jetzt kräht der Hahn, der weiße,
des Himmels Tor öffnet sich leise.

Jetzt kräht der Hahn, der schwarze,
ich darf nicht länger warten.“ —

So oft die Hunde bellten hinfür,
da gaben sie den Kindern Brot und Bier.

So oft sie hörten das Hundegeschrei,
da meinten sie, daß es die Tote sei.

So oft sie hörten die Hunde hausen,
— War ich selber doch jung! —
da bebten sie vor der Toten draußen.
— Mich treibt es, ins Land zu reiten. —

Agnete und der Wassermann.

Agnete wohl stand auf der Hochlandsbrück —
schaut aus den blauen Wogen ein Nöck.

Sein Haar das schimmert wie feinstes Gold,
seine Augen blicken gar treu und hold.

„Und hör du, Agnete so zart und fein!
Willst du meine Allerliebste sein?"

„Wohl will ich werden deine ehliche Frau,
führst du mich unter die Wogen blau."

Er verschloß ihre Ohren, verschloß ihr den Mund
und führte sie an des Meeres Grund.

Sie lebten zusammen acht lange Jahr,
und sieben Söhne sie ihm gebar.

Agnete wohl saß an der Wiege und sang,
da hörte sie droben der Glocken Klang.

Und Agnete ging vor den Wassermann stehn:
„Darf ich wohl einmal zur Kirche gehn?"

Der Wassermann antwortet mit freundlichem Blick:
„Ja wahrlich! Doch kehr zu den Kindern zurück.

Und wenn du kommst in die Kirche hinein,
in deiner Mutter Stuhl du nicht darfst sein.

Und wenn der Priester das Höchste wird zeigen,
darfst du, Agnete, dich nicht verneigen."

Er verstopft' ihre Ohren, er schloß ihr den Mund
und führte sie hin nach Engellands Grund.

Agnete wohl zu der Kirche schritt,
ihre liebe Mutter und die ging mit.

Doch als sie nun trat in die Kirche hinein,
sie setzt' sich in den Stuhl ihres Mütterlein.

Und als der Priester das Höchste tat zeigen,
da mußte Agnete in Demut sich neigen.

„Agnete, du liebe Tochter mein,
wo bist du gewesen so lange Zeit?"

„Am Grunde des Meeres, unter Wellen so blau,
da war ich des Wassermanns ehliche Frau.

Wohl sieben Söhne ich nenne mein,
das achte, es ist ein Mädchen klein."

„Was gab dir der Wassermann für die Ehre dein,
als er dich nahm zu der Liebsten sein?"

„Er schenkte mir wahrlich ein prächtig Goldband,
das schöner nicht schmückt einer Königin Hand.

Doch nun will ich bleiben auf grüner Erd,
will nicht mehr zurück auf den Grund des Meers."

Und der Wassermann trat in die Kirche hinein,
da wandten sich Bilder und heiliger Schrein.

Seine Haare die leuchten wie gesponnenes Gold,
seine Augen die waren von Tränen voll.

„Agnete, Agnete, komm zurück doch zu mir,
deine kleinen Kinder sich sehnen nach dir.“

„Und laß sich sehnen nach mir, wer will!
Niemals kehr’ ich in dein Haus so still.“

„Und denk an die Großen und denk an die Kleinen,
ja, denk an das Kleinste, das nach dir tut weinen.“

Ich denk nie wieder an Große und Kleine;
nie mehr an das Kind in der Wiege sein.

Westjütisches Tanzlied.

Er: „Guten Abend! Guten Abend! Wir sammeln uns zuhauf.
Guten Abend denn, wo bleiben die Andern?
Und wollen sie nicht mit, laßt sie zum Teufel wandern!
Und mach nun zu und spute dich, spiel uns den Walzer auf."

Sie: „O Stafan! O Stafan! Das Polsche kann ich nicht.
Ich geh in die Ecke, mit Karen zu plaudern,
ihr andern, ihr braucht darum nicht zu zaudern.
Und willst du mit und hören, so setz mich auf dein Knie."

Er: „Ich glaub, mein Seel', ich glaub, mein Seel', ich hab' einen Apfel noch."

Sie: „O fühl in die Tasche und sieh, ob er drinnen,
doch laß mich die Holzschuh erst setzen von hinnen."

Er: „Und mach denn zu und spute dich und zieh die Schuh dir an."

Sie: „Herztausend Dank! Herztausend Dank! Das war so übel nicht."

Er: „Du kannst gern tanzen und dennoch essen. —
Spielmann, hast du den Tanz vergessen?
Und mach nun zu und spute dich, spiel uns den Walzer auf.

O was war das, o was war das, was du da spieltest jetzt?
Ich kann die Musik nicht hören vor Juchen.
Und tanzen mit den Mädchen möcht' ich doch versuchen.
Und mach nun zu und spute dich, spiel uns den Walzer auf!"

Die Bremse geht freien.

Die Bremse spricht zur Ameise:
— Kraniche schlagen die Trommel —
„Du sollst mit Ehren reiten."
— Da draußen in lauter Blumen. —

„Ins Fliegenland reiten, wohl in die Stadt,
mir freien und bringen Klein Lilienblatt."

Da sprang die Ameis' auf's Pferd gar bald
und ritt wohl aus, durch Feld und Wald

ins Fliegenland, wohl in die Stadt.
Da sah sie schon Klein Lilienblatt.

„Nun hör, du Flieglein hübsch und fein,
willst du der Bremse Eh'frau sein?"

„Wie sollt ich werden der Bremse Weib!
Er ist so arm wie ich so reich.

Tu ich aus silbernem Becher trinken,
sitzt er wohl auf des Pferdes Schinken.

Wenn mich meine Frauen geleiten zur Ruh,
umschwirrt er wohl eine alte Kuh."

Die Ameis' erzürnt sich ob solchem Wort,
umfaßte die Fliege und eilte fort.

Wohl schalt da die Fliege und weint und klagt:
„Wann soll denn sein unser Hochzeitstag?"

„Wenn der Bauer die Knechte zur Ernte weckt,
dann ist auch für Bremse und Fliege gedeckt."

So zogen sie hin ins Hochzeitshaus.
Da hüpfte der Frosch, da schwänzelt 'ne Maus.

Der geprellte Freier

Das war die Jungfrau Gunder,
die ihren Vater fragt:
„Darf ich wohl trinken das Weihnachtsbier
in des reichen Herrn Palle Gemach?"
Da sprießt das Laub im Grünen,

Und es war Jungfrau Gunder,
deren Vater schlafen ging
und deren liebe Mutter
ihr selber den Mantel umhing.

Das war die Jungfrau Gunder,
trug selbst ein wollenes Kleid
und steckte ihren Kutscher
in Gewand von feinster Seid.

Und es war Jungfrau Gunder,
die hin zur Kirche fuhr.
Der reiche Herre Palle,
er folgte ihrer Spur.

Und es war der reiche Herr Palle,
der ritt zum Wagen hin,
er nahm sie in seine Arme,
hatte nichts als Liebe im Sinn.

„Hört Ihr, reicher Herr Palle!
Tut Ihr mir nichts Böses an,
so folge wohl nach der Messe
in Euer Haus ich dann.“

Und das war Jungfrau Gunder,
die fuhr in stolzem Trab
zum reichen Herren Palle,
der hob sie vom Wagen herab.

Sie setzten den Kutscher in Kleidern
wohl an den Ehrenplatz.
Mit Futter wohl für die Pferde
ging die Jungfrau in den Stall.

Und der Kutscher nahm sich ein Herze,
trank Wein aus silberner Kann.
Im Stall die Jungfrau Gunder
die Rosse tränkte alsdann.

Und als die Nacht gekommen,
gingen beide zur Schlafkammer ein.
Es freute sich Herr Palle sehr,
ließ nicht seine Liebste allein.

Das war der reiche Herr Palle,
er streichelt' die weiße Hand. —
Der Kutscher aber im Bette
dreht sein Gesicht nach der Wand.

Da koste der reiche Herr Palle
der Liebsten die weiße Wang':
„Dreh dich doch um, du schöne Jungfrau
und sei vor Herrn Palle nicht bang."

„Und hört, Ihr reicher Herr Palle,
tut mir nichts Böses an:
Ich bin nicht Jungfrau Gunder,
bin der Kutscher von ihrem Gespann."

„Und bist du nicht Jungfrau Gunder,
bist nur ihr Fahrtgesell,
so rettet dich kein Wunder,
mußt sterben hier auf der Stell!“

Der Kutscher sprang behende
wohl aus dem Fenster hinaus,
als aus dem Stall schön Gunder
trat vor Herrn Palle’s Haus.

Sie zog den Hut gar spöttisch,
springt in den Wagen und lacht:
„Und hört Ihr, reicher Herr Palle,
wie gefiel Euch diese Nacht?“

FINNLAND

Kun ensi kerran silmäs näin
niin luulin auringen loistavan.
Kun ensi kerran äänes kuulin
luulin lintusen laulavan.

Der erste Blick aus deinen Augen
traf mich so warm wie Sonnenschein,
der erste Ton aus deinem Munde
klang wie Vogelsang so rein.

(Melodie zu „Wäinämöinen“.)

Wäinämöinen, der Runensänger.

Und der alte Wäinämöinen
nimmt nun Platz auf seinem Sitze,
faßt die Harfe mit den Fingern,
legt an seine Knie die Höhlung,
unter seine Hand die Harfe,
alter Wäinämöinen spielte.
Spiel sich nun zum Spiel gesellte;
Freude stimmte sich zu Freude.
Nichts im Haine ward gefunden,
laufend auf der Füße vieren,
trippelnd auf den kleinen Tatzen,
das nicht kam um zuzuhorchen,
als der Vater Freude weckte,
als Wäinämöinen spielte.
Selbst der Bär stemmt an den Zaun sich,
als Wäinämöinen spielte.
Nichts im Haine ward gefunden,
schwingend seine beiden Schwingen,
nichts gefunden von Geflügel,
das nicht kam, geschart wie Flocken.
Nichts im Meere ward gefunden,
sechs der Flossen sich bedienend,
hin und her bewegend dachte,
das zu horchen nicht gekommen.
Selbst die Wirtin des Gewässers
wirft sich oben auf das Seegras,
streckt sich auf dem Stein am Strande
auszuruhen auf dem Bauche.

Das Mädchen sang.

Ein schöner Sommerabend,
zum Tale zog's mich hin,
traf dort das schönste Mädchen,
ihr schenkt' ich Herz und Sinn.

Es sang zum Spiel der Harfe
manch süße Melodei,
die trag ich in der Seele,
wo immer ich auch sei.

Der blutige Sohn.

„Woher kommst du? Woher kommst du?
Froher Sohn du mein!"
„Her vom Strande, her vom Strande,
O Goldmutter mein!"

„Was dort tatst du? Was dort tatst du?
Froher Sohn du mein!"
„Rosse tränkt' ich, Rosse tränkt' ich,
O Goldmutter mein!"

„Wie ist lehmbeschmutzt das Wams dir?
Froher Sohn du mein!“
„Rosse stampften, Rosse stampften,
O Goldmutter mein!“

„Wie ward dir dein Schwert so blutig?
Froher Sohn du mein!“
„Meinen einz’gen Bruder schlug ich,
O Goldmutter mein!“

„Wohin denkst du nun zu gehen?
Froher Sohn du mein!“
„Weit in andre fremde Länder,
O Goldmutter mein!“

„Und wo bleibt der alte Vater?
Froher Sohn du mein!“
„Hacken mag er Holz im Walde,
nicht mehr wünschen mich zu schauen;
O Goldmutter mein!“

„Und wo bleibt die alte Mutter?
Froher Sohn du mein!“
„Sitzen mag sie, Flachs auszupfen,
nicht mehr wünschen mich zu schauen,
O Goldmutter mein!“

„Und wo bleibt die junge Gattin?
Froher Sohn du mein!“
„Mag sich putzen, wieder freien,
nicht mehr wünschen mich zu schauen,
O Goldmutter mein!“

„Und wo bleibt dein junges Söhnlein?
Froher Sohn du mein!“
„In der Schule, laß sich peitschen;
nicht mehr wünsch’ er mich zu schauen,
O Goldmutter mein!“

„Und wo bleibt die junge Tochter?
Froher Sohn du mein!“
„Beeren pflücke sie im Walde,
wünsche nicht, mich mehr zu schauen,
O Goldmutter mein!“

„Wann kommst wieder du nach Hause?
Froher Sohn du mein!“
„Wann aufgeht die Sonn’ im Norden,
O Goldmutter mein!“

„Wann geht auf die Sonn’ im Norden?
Froher Sohn du mein!“
„Wann der Stein tanzt auf dem Wasser,
O Goldmutter mein!“

„Und wann tanzt er auf dem Wasser?
Froher Sohn du mein!“
„Wann die Feder geht zu Grunde,
O Goldmutter mein!“

„Und wann geht zu Grund die Feder?
Froher Sohn du mein!“
„Wann zum Richtplatz alle kommen,
O Goldmutter mein!“

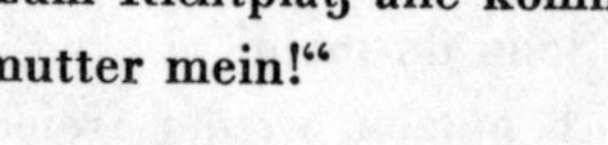

Die Meerfreier.

Annchen, hübsche junge Dirne,
saß am Kopf der Werderbrücke,
saß betrübt daselbst und weinte,
sehnte sich nach einem Manne,
den sie glücklich machen wollte.
Goldmann aus dem Meer emporstieg,
goldne Lippen, goldner Scheitel,
goldner Harnisch auf der Schulter,
goldner Handschuh an den Händen,
goldne Ringe in den Handschuhn,
goldne Sporen an den Fersen.
„Kommt wohl her zu mir das Dirnlein?“
„Nein, zu dir ich nimmer komme!
So nicht ist's bestimmt vom Schicksal,
nicht daheim ist's so befohlen;
drum nicht wiegte Ältermutter,
nicht Großmutter ein mich lullte!“

Annchen, hübsche junge Dirne,
saß am Kopf der Werderbrücke,
saß betrübt daselbst und weinte,
sehnte sich nach einem Manne,
den sie könnte glücklich machen.
Silbermann stieg aus dem Meere,
Silberlocken, Silberscheitel,
Silberharnisch auf der Schulter,
Silberhandschuh an den Händen.
Silberringe in den Handschuhn,
Silbersporen an den Fersen.
„Kommt zu mir wohl her das Dirnlein?"
„Nein, zu dir ich nimmer komme:
So nicht ist's bestimmt vom Schicksal.
Nicht daheim ist's so befohlen,
drum nicht wiegte Ältermutter,
nicht Großmutter ein mich lullte."

Annchen, hübsche junge Dirne,
saß am Kopf der Werderbrücke,
saß betrübt daselbst und weinte,
sehnte sich nach einem Manne,
den sie könnte glücklich machen.
Brotmann aus dem Meer emporstieg,
Brot die Lippen, Brot der Scheitel,
Brot der Harnisch auf der Schulter,
Brot die Handschuh an den Händen,
Brot die Ringe in den Handschuhn,
Brot die Sporen an den Füßen.
„Kommt zu mir wohl her das Dirnlein?"
„Ja, zu dir ich gerne komme,
so ist's mir bestimmt vom Schicksal,
so ist's mir daheim befohlen,
drum mich wiegte Altermutter,
drum Großmutter ein mich lullte."

Runen.

Schön ist's, bei dem Klang der Schwerter
in den vordern Reih'n zu fechten,
sei's, die Brust durchbohrt, zu fallen,
sei's, als Sieger heimzukehren,
hold begrüßt von Weib und Kindern
und bekränzt von allen Freunden!
Was ist des Besiegten Leben!
Was das Dasein ohne Ehre!
Leben gibt allein die Freiheit.
Nur der Ruhm verleihet Freude.

Ehre sei dem Runensänger,
Ehre dem Kantelenspieler,
ihm, dem Sohne Wäinämöinens,
ihm, dem Ruhm des Finnenlandes,
ihm, der Zier selbst andrer Länder,
dem Beglücker aller Völker,
dem Erfreuer aller Menschen,
dem Entzücker aller Wesen.

Junge Burschen haben Lieder,
junge Dirnen haben Tänze.
Immer ist die muntre Jugend
voller Lust und voller Scherze.
Nur das eigensinn'ge Alter
denket nicht an Spiel und Tänze,
weiß nichts mehr von Scherz und Küssen.

Wenn auf öder Felseninsel
im einsamen Meeressunde,
an dem ganz verlass'nen Strande,
wo es fehlt am Gotteshause,
wo es mangelt an dem Priester
und gebricht an der Gemeinde,
strandet hier der Kahn des Burschen,
des Huttragend-Tuchumhüllten,
Feurigen mit kühnen Blicken —
strandet dort der Dirne Nachen,
der Gezöpften, Zinngeschmückten,
Reizenden mit süßem Lachen —
und es fallen an das Herz sich,
halten sich die Zwei umschlungen,
liegen jauchzend beieinander:
Was befragen sie des Priesters
Regeln! Was des Dorfes Bräuche!
Was die Satzungen der Hochzeit!

Mutter und Tochter.

„Lieb Mutter mein, ich fleh zu dir,
hilf, lindre meinen Kummer mir:
An dem Wehe ich vergehe
und verzweifle schier."

„Wenn ich, mein Kind, dir helfen könnt',
für Liebeskummer Tröstung fänd',
deines Herzens wilde Schmerzen
wären bald zu End."

„Er, dem ich all mein Sein geweiht,
ward fortgeholt im Grabgeleit,
daß er werde in der Erde
eingebettet heut."

Treue Liebe.

Sonst nirgends auf weiter Gotteserde
wohl ein schönres Blümchen blüht,
als in meines Herzens Schrein,
du, mein einzig Schätzelein.

Und wand're ich einsam auf staub'ger Straße,
immer schwebt Liebchens Bild mir vor,
strahlt so warm ins Aug hinein
wie Johannisfeuerschein.

Das Mädchen sehnt sich.

Ferne er weilt in den grünenden Tälern,
fern in den goldenen Sälen des Königs.
— Ach, kleiner Vogel! Ach, lieber Herzensfreund!
Kommst du nicht bald? —

Mag man da finden die schönsten Mädchen,
Geliebter, sieh nicht die strahlenden Sterne.

Singen dort Vögel mit lieblicher Stimme,
voll klingt mir von Wundern des Herzliebsten Sang.

Freudevoller Tag, soll noch lange ich warten?
Wann darf ich gehn an der Seite des Freundes?

Komm, komm zurück zu den Tälern der Heimat,
tröste die Freundin, die deiner harrt.

Ach, kleiner Vogel! Ach, lieber Herzensfreund!
Kommst du nicht bald?

Hochzeit zu Härmäwar.

Die Hochzeit zu Härmäwar schauerlich war,
nichts als Saufen und Messerschlagen!
Und vom Saal her hat man Leichen
haufenweis zum Tor getragen.

Drehten uns anfangs wohl sacht im Tanz,
spielten Karten auch manche Runde,
doch als Anssin Jukka eintrat,
war gleich Grund zum Streit gefunden.

Anssin Jukka gar lang und schlank,
blickt aus buschigen Augenbrauen,
stand und schrie: „Nun zieh das Messer,
wer zu feig nicht, loszuhauen!“

War, als ob Teufel hereingeschneit,
die dies grausige Spiel entfachten.
Und es waren Härmä-Jungen,
die dem Graus ein Ende machten.

Bärenlied.

Otso, du, des Waldes Apfel,
der die Honigtatze wölbet,
lasset gütlich uns vergleichen!
Laßt uns einen Frieden schließen
auf die ganze Zeit des Lebens,
ja, für alle unsre Tage,
daß du nicht behufte Rinder,
nicht die Milchkuhscharen stürzest
in der großen Zeit des Sommers,
in des Schöpfers warmer Jahrzeit.
Nicht verbiet' ich dir zu schweifen
und der Herde dich zu nähern,
nur zu schnappen mit der Zunge,
mit dem garst'gen Mund zu greifen,
mit den Zähnen zu zerreißen,
mit den Tatzen sie zu packen.
Gehe krumm du um die Weide,

schräg du um die milch'gen Fluren,
schief du um der Glocke Töne,
seitwärts von des Hirten Stimme!
Ist die Herde auf den Fluren,
sollst zum Sumpf du dich begeben,
rauschet durch den Sumpf die Herde,
sollst du nach dem Dickicht fliehen.
Geht die Herde auf dem Berge,
schreit du zu dem Fuß des Berges,
geht die Herd' am Berge unten,
magst du auf dem Berge gehen.

Zieht die Herde nach dem Felde,
mache du dich auf zum Busche,
geht die Herde in dem Busche,
mögest du zum Felde ziehen!
Birg die Klauen in den Haaren,
in dem Zahnfleisch du die Zähne,
daß die Herde nicht erschrecke,
daß dem kleinen Vieh nicht bange!

Laß die Rinder du in Ruhe,
die Behuften du in Frieden!
Laß die Herde friedlich wandern,
voller Ordnung vorwärts schreiten
durch die Sümpfe, durch die Felder,
durch des Waldes Flurenstrecken,
ohne sie nur zu berühren,
ohne sie nur anzupacken!

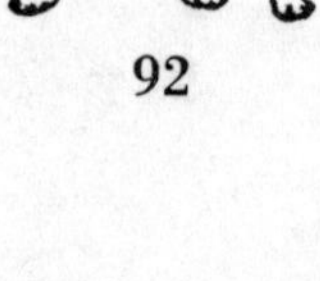

Sollt' dich Bosheit überkommen,
deine Zähne Lust verspüren,
wirf die Bosheit in den Laubwald,
dein Gelüste an die Tannen!
Haue du in faule Bäume,
in der Birken morsche Stämme,
krümme Zweige überm Wasser,
wühl in weichen Beerenhügeln!

Hast Verlangen du nach Nahrung,
trägst nach Speise du Gelüste,
friß dann Schwämme in dem Walde,
mach dich an der Ameis' Haufen,
raffe roter Stengel Wurzeln,
Honigbissen von Metsola,
nur nicht meine Nahrungskräuter,
nur nicht meine Lebensgräser!

Laß uns denn uns so vergleichen,
einen ew'gen Frieden schließen,
daß wir gar vergnüglich leben
und gar schön im ganzen Sommer!
Beider ist das Land gemeinsam,
doch die Wegkost ist verschieden.

Hast du aber Lust zu kämpfen,
willst nach Krieges Art du leben,
wollen wir im Winter kämpfen,
zu der Schneezeit wir uns schlagen!
Kommt der Sommer, tau'n die Sümpfe,
werden wärmer schon die Quellen,
sollst du nicht mehr hierher nahen,
wo die goldne Herde hörbar!

Kommest du zu diesem Lande,
nahest du dich diesen Hainen,
werden wir beständig schießen.
Sind die Schützen nicht zu Hause,
haben wir gar kund'ge Weiber,
stets im Hause auch die Wirtin,
daß sie dir den Weg verderbe,
deinen Pfad in Unglück bringe,
daß du keinen Schaden übest,
keineswegs Verderben bringest
gegen Gottes hohen Willen,
gegen des Glücksel'gen Ratschluß!

Ukko, du, o Gott im Himmel!
Hörst du, daß es wirklich Ernst wird,
dann verwandle meine Kühe,
und bezaubre meine Herde!
Meine Lieben mach zu Steinen,
meine Teuren du zu Stämmen,
schreitet durch das Land der Unhold,
wandert dort einher der Klumpen.

Wäre ich ein Bär geworden,
lebte ich als Honigtatze,
würd' ich nimmer also hausen
vor den Füßen alter Weiber.
Anderswo auch gibt es Strecken,
weiter auch noch gibt es Hürden
für den Müß'gen zu durchwandern,
für den Faulen zu durcheilen.
Gehe wund du deine Tatzen,
daß der Waden Fleisch verschwinde,
in des blauen Haines Tiefe,
in den Schoß der schönen Waldung.

Kannst durch Zapfenheiden wandern,
kannst durch Sand gar lustig rauschen.
Ist ein Weg für dich gebahnet
an dem Meeresstrand zu gehen
zu des Nordlands weiten Grenzen,
zu des Lappenlandes Strecken.
Dort ist's wonnig dir zu leben,
angenehm dir dort zu weilen,
sommers ohne Schuh zu wandern,
ohne Socken in dem Herbste
auf dem weiten Sumpfes-Rücken,
auf den breiten Morastgründen.

Seemanns Abschied.

I.

Die Winde wehn, es zieht das Schiff
in fernes, fremdes Land.
Des Seemanns schön Feinsliebchen steht
allein, allein am Strand.

„Wein nicht, Herzallerliebste mein
und wisch die Tränen fort.
Denk treu an mich! In kurzer Zeit
komm ich zurück von Bord.

Von Gold und Silber die Kisten voll
bring heim ich meinem Lieb,
ja, seidnes Hemd und Sammetkleid
und alles nur für dich!"

II.

Der Seemann liebt des Meeres Woge,
der Wellen Gebraus,
an Tau und Mast die Stürme toben,
des Sturmes Braus.
Leb wohl, leb wohl, du Liebste fein.
Komm ich zurück, so wirst du mein.

Mich treibt mein Schiff in fernes Land,
in Wellen Gebraus.
Da hilft nur Herz und feste Hand
bei Sturmes Braus.
Leb wohl, leb wohl, du Liebste fein.
Komm ich zurück, so wirst du mein.

Sie winkt mir zu und ruft so warm
durch der Wellen Gebraus:
„Komm bald zurück in der Liebsten Arm
aus Sturmes Braus.
Leb wohl, leb wohl, du Liebster mein.
Ich wart auf dich, bin ewig dein."

Käm' mein Liebster mir entgegen.

Käm' mein Liebster mir entgegen,
auf demselben Wege wandelnd,
kaum geseh'n, würd ich erkennen
ihn von weitem gleich am Gange,
wär' er weit wie eine Werst noch,
wie zwei Werst noch oder weiter.
Schwebt hinaus ich wie ein Nebel,
wie ein Windhauch wollt' ich wehen.
Wie ein schneller Funken stieben,
lodernd wie des Feuers Flamme
wollt' ich ihm entgegeneilen,
setzte mich an seine Seite,
legt' die Hand in seine Hände,
ob sie Schlangen auch umschlössen.
Wollte saugen seine Lippen,
gäb' er mir auch Gift im Kusse,
seinen Hals in Händen halten,
träf' mich auch der Tod zur Stunde,
schmiegte mich an seine Seite,
wär' sie auch mit Blut besudelt.
Doch des Liebsten Mund und Lippen
sind ja nicht von Blut besudelt,
seine Hand hält keine Schlange,
und sein Hals ist heil und herrlich.
Rosig lachen seine Lippen,
süß und saftig schwellt der Mund ihm,
weiß und weich sind seine Hände,
und sein Hals ein schlanker Stengel.

Kuckuck im Tannenwald.

Kuckuck ruft im Tannenwald,
vom Birkenwald hergeflogen,
und mit lustigen Flößerjungen
ist der Sommer eingezogen.

Dort springen Flößer vom Fluß herunter
und singen, daß es schallet.
Hier warten Mädchen in weißen Kleidern,
und Tanzesweisen hallen.

Als ich einst mit meinem Schatz ging
am Ongelmafluß spazieren,
saß ein Vogel im grünen Busche,
tat gar fröhlich jubilieren.

Fragte den Vogel nach seinem Namen,
doch wich er klug der Frage aus:
Freundschaft und Liebe und Hoffnung vergehn,
sie dauern nur einige Tage.

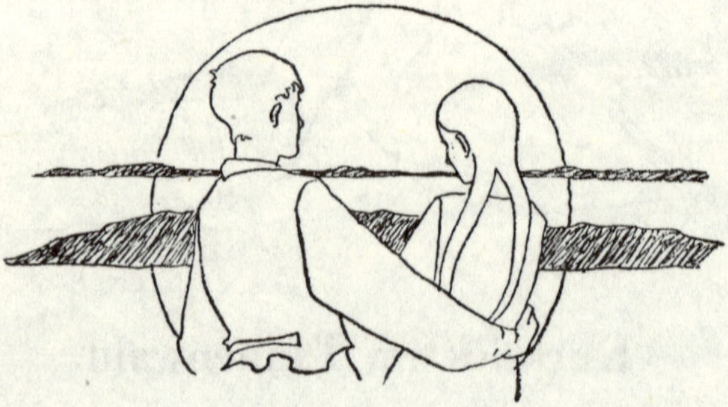

Mädchen am Strand.

Sommers helle Nacht raubt mir den Schlummer,
eil' ins Tal, wo verträumt' ich manchen Tages Kummer,
wo die Waldvögel singen,
Wasser brausend klingen,
ließ auch heut mein Herz zur langersehnten Ruh sich bringen.

Und zum nahen Strand den Blick ich wandte,
sah ein Mädchen, dessen holdes Bild mich bannte.
Jung und schön und alleine
schaut' ins Wasser sie und weinte,
und vor Kummer schier ihr armes Herz zu brechen meinte.

„Ärmste, weshalb mußt du einsam trauern?
Deine Augen sind noch naß von Tränenschauern.
Was zu Herzen dir nehmen?
Weshalb tust du dich grämen?
Welcher Kummer nahm die Freud' aus deinem jungen Leben?"

Sagt sie: „Weshalb sollt ich mich nicht grämen
und den Schmerz mir nicht so sehr zu Herzen nehmen!
Denn mein Schatz der ist vor Jahren
übers weite Meer gefahren.
Keine Kunde ich seither von ihm vernommen habe."

Sprachs und blickte kummervoll ins Weite.
Doch was naht dort hinten wie ein rosa Wolkenstreifen?
Als es sich näher wandte,
sie des Liebsten Schiff erkannte.
Schöpfer Himmels und der Erden heiß sie dankte.

Der Liebe Schmerz.

Mich fliehen alle Freuden,
mein Herz ist so betrübt,
weil der mir ernstlich zürnet,
den ich zumeist geliebt.

O Freude ohnegleichen,
zu finden liebsten Freund!
O Jammer herzzerreißend,
wo Liebe um ihn weint!

In der Fremde.

Wie bin ich, ach, so fremd hier,
unter Freunden nie zu Haus,
ich zog in fremde Lande,
in die weite Welt hinaus.

Ich wage nicht zu öffnen
mein Herz in Gram und Lust
und muß mein großes Lieben
verschließen in der Brust.

NORWEGEN

(Melodie zu „Dalebu Jonson“)

Ja, vi elsker dette landet,
som det stiger frem
furet, vejrbidt over vandet
med de tusind hjem.
Elsker, elsker det og taenker
pa vor fa'r og mo'r
og den saganat, som saenker
drömme pa vor jord.
(Björnson)

DALEBU JONSON

Und Dalebu freit' sich eine Jungfrau im Saal,
er hat sie gewonnen mit Eisen und Stahl.
Kennst du Dalebu Jonson?

Noch eh' es Tag wurd' und die Sonne ging auf,
da kamen viel tausend Kämpfer vors Haus.

Und als Dalebu, der Ritter, am Fenster tat stehn,
da konnt' er vor Waffen die Sonne nicht sehn.

„Meinen blauseidnen Rock bringe", Dalebu befahl,
darunter er trug wohl ein Kleid aus Stahl.

Und Dalebu hatt' sich gefreiet ein Weib,
das spannt' den Goldgürtel um seinen Leib.

Held Dalebu wohl aus dem Fenster sprang,
da flogen die Steine die Halle entlang.

Und Dalebu kämpfte und um sich schlug,
stand im Blute bis über die Silberspangenschuh'.

Held Dalebu kämpft', daß der Feinde Schar schrie,
stand im Blut wohl bis über die stählernen Knie.

„Ach, lieber Dalebu Jonson, stecke ein dein Schwert!
Dir gehört Klein Kerstin, du bist ihrer wert!"

Jungfrau Ingeborg.

Ich weiß mir einen adligen Wald,
südlich und westlich vom Fjord,
da wachsen so viele adlige Bäume,
die schönsten auf Erden alldort.
— Wie aber findet der Knab' seine Jungfrau? —

Da wachsen so viele adlige Bäume,
ja Birken wohl und Linden,
da spielen so viele adlige Tiere,
Hirsche wohl und Hinden.
— Wie aber findet der Knab' seine Jungfrau? —

Da spielen so manche adlige Tiere,
Eichhorn wohl und Taube,
sie ist entstammt aus unserem Land,
die reiche stolze Jungfraue.
— Wie aber findet der Knab' seine Jungfrau? —

Und das war sie, die Stiefmutter arg,
vom Schlafe jäh erwacht,
so weckt sie die stolze Jungfrau,
und das um Mitternacht.
— Wie aber findet der Knab' seine Jungfrau? —

Und das war Jungfrau Ingeborg,
vor seinem Lager stand,
so weinte sie gar so bitterlich,
eh' sie fuhr in das Hindengewand.
— Wie aber findet der Knab' seine Jungfrau? —

So legte sie auf seinen Pfühl
von Fingerlein fünfen das Gold,
es war ihm zu Weh und Leide,
so oft er's schauen wollt'.
— Wie aber findet der Knab' seine Jungfrau? —

So legte sie auf seinen Pfühl
das Gold von Fingerlein zehn,
es war ihm zu Weh und Leide,
so oft er's mochte sehn. —
— Wie aber findet der Knab' seine Jungfrau? —

Er legte Schlingen an jeden Hang,
wo pflegte zu fahren die Hinde.
Die Hinde war so schlau und bang,
sie ließ sich nicht fangen geschwinde.
— Wie aber findet der Knab' seine Jungfrau? —

Er legte Schlingen an jeden Hang,
wo die Hinde zu laufen pflag.
Die Hinde, die war so scheu und so wild.
sie ließ sich nicht fangen so jach.
— Wie aber findet der Knab' seine Jungfrau? —

Und das war sie, die Stiefmutter schlimm,
sie hätt' ihre Sünden vermehrt,
sie schuf sie um zur Adlerin wild,
die über die Heide fährt.
— Wie aber findet der Knab' seine Jungfrau? —

So nahm er die Axt auf die Schulter jach
und hieb in Ästen und Zweigen,
wohl bis er traf auf den adligen Mann,
dem der herrliche Wald zu eigen.
— Wie aber findet der Knab' seine Jungfrau? —

„Hör' du es, kühner Herre Per,
was haust du den Wald so gut?
Nimmer fängst du die Adlerin wild,
sie koste denn Menschenblut."
— Wie aber findet der Knab' seine Jungfrau? —

So hieb er ein Stücklein aus seinem Arm,
und warf es hoch in den Ast —
Die Adlerin schrie, sie kreischte vor Lust,
wollt' werden Herrn Peders Gast.
— Wie aber findet der Knab' seine Jungfrau? —

Sie ließ sich nieder auf seinen Sitz,
sie schüttelt sich wie eine Taube.
So warf sie von sich das Vogelgewand —
so schön war die stolze Jungfraue.
— Da aber fand der Knab' seine Jungfrau. —

„Ich war mir eine Hindin so klein,
ich lief im Waldesgrunde,
meine sieben Brüder kannten mich nicht,
sie hetzten auf mich ihre Hunde.
— Nun hat er gefunden, der Knab', seine Jungfrau. —

Ich war mir eine Hindin so klein,
ich lief in grünen Hainen.
Meine sieben Brüder kannten mich nicht,
sie warfen nach mir mit Steinen.
— Nun hat er gefunden, der Knab', seine Jungfrau. —

Ich war mir die wilde Adlerin,
mußt' über die Klippen eilen.
Meine sieben Brüder kannten mich nicht,
sie schossen nach mir mit Pfeilen.
— Nun hat er gefunden, der Knab', seine Jungfrau. —

Gott segne dich, kühner Herr Per,
dieweil du so wohl beraten!
Meine Stiefmutter sitzet im Trollenschlund
und beweint ihre Missetaten."
—Nun hat er gefunden, der Knab', seine Jungfrau.——

Die Jungfrau sorgt sich

„Wann mag ich nun brau'n oder mischen Wein,
— Ich muß mich sorgen und bangen —
oder wann harr' ich der Heimkehr dein?"
Die Jungfrau sorgt sich, weil der Knab' gefangen.

Hier steht eine Linde südwärts am Hang,
— Ich muß mich sorgen und bangen —
steht herrlich Winter und Sommer lang.
Die Jungfrau sorgt sich, weil der Knab' gefangen.

„So lang die Linde trägt grünes Kleid,
so wisse, dein Herr hat fröhliche Zeit.

So lang die Linde trägt Laub so fein,
so wisse, noch lebet der Herre dein.

Doch welkt der Linde ihr grünes Kleid,
dann wisse, dein Herre trägt Kummer und Leid.

Und welket der Linde ihr Laub so rot,
dann magst du's wissen, dein Herre ist tot."

Ging Wasser schöpfen das treue Gesind,
so tränkt' es die Wurzel der schönen Lind'.

Ging Wasser schöpfen das falsche Gesind,
so riß es die Rinde vom Stamme der Lind'.

Zum Herbste ging's, zum Winter danach,
da welkte das Laub der Linde gemach.

„Nun welket der Linde ihr grünes Kleid,
Nun weiß ich, mein Herr trägt Kummer und Leid.

Nun fallen die Blätter der Linde so fein,
nun weiß ich, tot ist der Herre mein.

Und wer folgt mir nun in den Tod?
Und wer will nun erben mein Gold so rot?"

Dir folgt das treue Gesind in den Tod,
— Ich muß mich sorgen und bangen —
Das falsche will erben dein Gold so rot."
Die Jungfrau sorgt sich, weil der Knab' gefangen.

JUNG HEMING

Herr Harald sitzet im Hochsitz breit,
rühmt sich mit trotzigem Wort:
„Noch hab' ich nie meines Gleichen gesehn,
ist ungeboren allfort!"
Und das war Heming, der junge Gesell,
er konnte auf Schneeschuhen rennen.

Herr Harald sitzet im Hochsitz breit,
rühmt sich vor seinen Mannen:
„Noch hab' ich nie meines Gleichen gesehn
in diesen irdischen Landen!"
Und das war Heming, der junge Gesell,
er konnte auf Schneeschuhen rennen.

Hervortrat Heming, der junge Gesell,
er sprach zum König verwogen:
„Ich mag, fürwahr! deines Gleichen sein
mit meinem Pfeil und Bogen."
Und das war Heming, der junge Gesell,
er konnte auf Schneeschuhen rennen.

„Oder lüstet den König auf Schneeschuh'n der Lauf,
und Schritt zu halten mit mir?
So wollen wir reisen zum steilen Fels,
dort fuhr noch keiner vor mir."
Und das war Heming, der junge Gesell,
er konnte auf Schneeschuhen rennen.

Heming der junge und König Harald,
sie proben die Kunst selbander:
Sie schießen fünfzehn Schüsse zugleich,
die Pfeilspitzen treffen einander.
Und das war Heming, der junge Gesell,
er konnte auf Schneeschuhen rennen.

„Nun sollst du schießen die Walnuß zur Stell
vom Haupt des Bruders dein,
oder du sollst mir nach Oringsburg,
und dort ein Gefangener sein."
Und das war Heming, der junge Gesell,
er konnte auf Schneeschuhen rennen.

„Und soll ich schießen die Walnuß zur Stell
vom Haupte des Bruders mein,
so soll der König so nahe stehn,
daß er sieht, wie das Ende mag sein."
Und das war Heming, der junge Gesell,
er konnte auf Schneeschuhen rennen.

„Und hör es, mein Bruder, zu dieser Frist,
du steh nicht bang und bleich,
doch steh' du unter der Walnuß nur
aufrecht und kühn zugleich!"
Und das war Heming, der junge Gesell,
er konnte auf Schneeschuhen rennen.

Heming spannte den Bogen sein,
tät ihn wohl sonst schon erproben:
die halbe Walnuß rollte zur Erd',
die andere blieb liegen droben.
Und das war Heming, der junge Gesell,
er konnte auf Schneeschuhen rennen.

Herr Harald zu Heming sprach zur Stund':
„Wohl ist zu Ende der Streit,
was aber sollt' dir der Bogenpfeil,
den eh' du tatest bei Seit'?"
Und das war Heming, der junge Gesell,
er konnte auf Schneeschuhen rennen.

„Hätt' ich erschossen den Bruder mein,
wär' mir solch Unheil verhängt,
so hätte der andere Bogenpfeil
dir, Harald, das Herze zersprengt."
Und das war Heming, der junge Gesell,
er konnte auf Schneeschuhen rennen.

„Nun sollst du hinaus zum steilen Fels,
zu rennen auf Schneeschuhen dein,
oder du sollst mir nach Oringsburg
und dort ein Gefangener sein."
Und das war Heming, der junge Gesell,
er konnte auf Schneeschuhen rennen.

Heming rannte vom steilen Fels,
die Schneeschuhe dröhnen und schallen.
Es dünkte den König, der nahe stand,
als wenn Sterne vom Himmel fallen.
Und das war Heming, der junge Gesell,
er konnte auf Schneeschuhen rennen.

Heming rannte vom steilen Fels,
die Schneeschuhe drehn sich im Rund,
so griff er den König beim Achselbein
und schleudert' ihn in den Grund.
Und das war Heming, der junge Gesell,
er konnte auf Schneeschuhen rennen.

Heming sprang auf den Eichenschuh'n
und rannt' über Fels und Gestein:
Und alle fragen, doch keiner weiß,
welcher Tod ihm verhängt mag sein!
Ja, das war Heming, der junge Gesell,
der konnte auf Schneeschuhen rennen.

Agnetta.

Agnetta wandelt auf grünem Grund,
— Vögelein singen —
da kam ein Bergmann zur selbigen Stund'
Schönste Agnetta!

„Hör du, Agnetta, so hold und fein,
— Vögelein singen —
willst du mein Herzallerliebste sein?"
Schönste Agnetta!

„Dein Herzallerliebste will ich sein,
— Vögelein singen —
so du mich führest zum Berg hinein!"
Schönste Agnetta!

Sie war im Berge der Jahre neun,
— Vögelein singen —
dort hatte sie sieben Kindlein klein.
Schönste Agnetta!

Agnetta saß an der Wiegen und sang,
— Vögelein singen —
da hört' sie die Glocken aus Engelland.
Schönste Agnetta!

Agnetta ging vor ihren Bergmann zu stehn:
— Vögelein singen —
„Und darf ich einmal zur Kirche gehn?"
Schönste Agnetta!

„Zur Kirchen zu gehn, nicht sei's dir verwehrt,
— Vögelein singen —
nur hab' in Gedanken die Kindlein wert!
Schönste Agnetta!

Und kommst du auf den Kirchhof klar,
— Vögelein singen —
laß nicht dort wallen dein rotgoldnes Haar!
Schönste Agnetta!

Und ruft der Priester den Namen empor,
— Vögelein singen —
du beuge nicht das Knie wie zuvor!"
Schönste Agnetta!

Und als sie kam auf den Kirchhof klar,
— Vögelein singen —
da ließ sie wallen ihr rotgoldnes Haar.
Schönste Agnetta!

Agnetta trat in die Kirche jetzund,
— Vögelein singen —
nach schritt ihr Vater zur selbigen Stund'.
Schönste Agnetta!

Sie ging zum Stuhl ihrer Mutter so mild,
— Vögelein singen —
da saß ihre Mutter, in Trauer gehüllt.
Schönste Agnetta!

„Hör du, Agnetta, ich frage dich:
— Vögelein singen —
In Jahren neun, was verließest du mich?"
Schönste Agnetta!

„Ich war beim Bergmann in Jahren neun,
— Vögelein singen —
dort hab' ich sieben der Kindlein klein!"
Schönste Agnetta!

Da rief der Priester den Namen empor,
— Vögelein singen —
sie beugte ihr Knie, wie sie tat zuvor.
Schönste Agnetta!

Der Bergmann trat zur Kirchen hinein,
— Vögelein singen —
da wandten sich alle die Bildlein klein.
Schönste Agnetta!

Sein Haar, das leuchtet' wie reinstes Gold,
— Vögelein singen —
sein Auge blickte so unmutsvoll.
Schönste Agnetta!

Er schlug sie aufs weiße Wängelein:
— Vögelein singen —
„Du achtest gar wenig der Kindlein dein!"
Schönste Agnetta!

„Fahrt wohl jetzt, Vater und Mutter!
— Vögelein singen —
Fahrt wohl jetzt, Schwester und Bruder!
Schönste Agnetta!

Fahr wohl, du Acker, fahr wohl, du Land,
— Vögelein singen —
und alle, denen mein Name bekannt!"
Schönste Agnetta!

Agnetta ritt und der Bergmann schritt,
— Vögelein singen —
am dritten Tag war beendet der Ritt.
Schönste Agnetta!

Sie setzten sich weinend nieder am Ort,
— Vögelein singen —
ihr ältester Sohn, der öffnet' die Pfort',
Schönste Agnetta!

Ihr ältester Sohn hielt den Goldstuhl bereit,
— Vögelein singen —
ihre älteste Tochter löst' ihr das Kleid.
Schönste Agnetta!

„Unser Brüderlein sorgt sich und bangt sich nach dir,
— Vögelein singen —
so lang harrten wir deiner schon hier!"
Schönste Agnetta!

Aagots Berglied.

Unter geht die Sonne sacht,
länger wird ihr Schatten.
Wieder zieht die dunkle Nacht
über Berg und Matten.
Schaf und Rind im Stalle stehn,
kann zur Senne ruhig gehn.

Dunkel ist's an jedem Ort
drunten jetzt im Tale.
Doch hier oben glüht's noch fort
von dem letzten Strahle.
Endet Sonn' auch spät den Lauf,
morgens steht sie ruhig auf.

Doch ist's hier auch noch so hell,
geh ich doch zur Ruhe,
schlafe friedlich unterm Fell
bis zur Morgenfrühe.
Und bin ich geschlafen ein,
träum' ich flugs vom Liebsten mein.

Frage und Antwort

Herein zum Saal die Jungfrau schritt
und barfuß vor den Jüngling tritt.
„Was steht Ihr barfuß, Jungfrau hold?

Was steht Ihr barfuß, Jungfrau hold?
Gibt's keinen, der hier helfen wollt'?
Setz dich auf meine Kisten.

Setz dich auf meine Kisten,
will neue Schuh' dir rüsten,
rüsten will ich dir Schuhe neu.

Rüsten will ich dir Schuhe neu,
daß nicht ihres gleichen im Lande sei,
der Leisten ist im Waldesgrund.

Der Leisten ist im Waldesgrund,
das Leder liegt tief unten im Sund,
die Ahle ist in Deutschland.

Die Ahle ist in Deutschland,
die Borste ist in Kalmar,
der Pechdraht ist in Rom.“

Zur Dienerin spricht die Jungfrau klar:
„Sollst baden und strählen des Jünglings Haar,
die Asche sitzt in der Birkenspitz.

Die Asche sitzt in der Birkenspitz,
die Birke noch nicht entsprossen ist,
das Wasser rinnt in der Quelle behend.

Das Wasser rinnt in der Quelle behend,
die Quelle entspringt an aller Welt' End',
der Waschtrog ist in Trintadall.

Der Waschtrog ist in Trintadall,
worin man das Wasser schöpfen soll,
der Kamm ist in des Hirschen Horn.

Der Kamm ist in des Hirschen Horn,
der Königssohn noch nicht gebor'n,
der diesen Hirschen schießen soll.

Der Vater und die Mutter beid',
sie liegen in der Wiegen heut,
die dieser Königssohn erben soll.“

„Nie hörte man eine desgleichen,
die so Antwort gab ihresgleichen,
dich begehr' ich zum Bräutlein hold.

Dich begehr' ich zum Bräutlein hold,
mit der ich leben und sterben wollt'.
Behagt es dir, so vergiltst du's mir!

Behagt es dir, so vergiltst du's mir!
So leben fröhlich beisammen wir!"

Hab' keine so geliebt wie sie.

Ich legte mich zu später Stunde
wohl auf mein Bett und schlief nicht ein.
Kam von der Liebsten mir da die Kunde,
ich sollt' noch heute bei ihr sein.
Hab' keine so geliebt wie sie!

Ich stieg hinauf in ihre Stube,
wie immer ich gewohnt zu tun.
Da schmückten Mädchen schon die Liebste,
im Sarge lag die Schöne nun.
Hab' keine so geliebt wie diese!

Still ging ich auf die grüne Wiese
und hört der Trauerglocken Klang.
Ich konnt's nicht glauben, mein Herz wollt' brechen,
mir war so weh, mir war so bang.
Hab' keine so geliebt wie diese!

Beiar-black

Es saßen drei Weiber unter dem Stein,
— Sie gehn auf Goldschuh'n —
sie schufen ein Fohlen aus Menschengebein,
so weit fahren die heimlichen Worte.

Sie schufen ein Fohlen und Namen ihm gaben,
— Sie gehn auf Goldschuh'n —
und Beiarblack, den sollt' es haben.
So weit fahren die heimlichen Worte.

Und als sie geschaffen das Fohlen alldort,
— Sie gehn auf Goldschuh'n —
da sandten sie's vor des Königes Pfort'.
So weit fahren die heimlichen Worte.

Der König, er ruft über all sein Reich:
— Sie gehn auf Goldschuh'n —
„Und wer darf reiten das Fohlen gleich?"
So weit fahren die heimlichen Worte.

Da sprach die Stiefmutter arg gesinnt:
— Sie gehn auf Goldschuh'n —
„Nikuls soll reiten den Black geschwind."
So weit fahren die heimlichen Worte.

Er schlug sie im Zorn auf's Wängelein:
— Sie gehn auf Goldschuh'n —
„Mein Sohn mag nicht schlechter, als deiner sein."
So weit fahren die heimlichen Worte.

Nikuls, er geht wohl zum Stalle daher,
— Sie gehn auf Goldschuh'n —
Sattel und Zaum in Händen hatt' er.
So weit fahren die heimlichen Worte.

Nikuls streichelt das Fohlen gut,
— Sie gehn auf Goldschuh'n —
Black, er brauchte so Zahn als Huf.
So weit fahren die heimlichen Worte.

„Guter Black, ich bitte, steh ruhig jetzund,
— Sie gehn auf Goldschuh'n —
derweil ich dir lege den Zaum in den Mund.
So weit fahren die heimlichen Worte.

Guter Black, du halte nur still,
— Sie gehn auf Goldschuh'n —
weil ich dir den Goldsattel auflegen will.
So weit fahren die heimlichen Worte.

Guter Black, fall auf's Knie zur Stell,
— Sie gehn auf Goldschuh'n —
derweil ich mich schwing' in den Sattel schnell."
So weit fahren die heimlichen Worte.

Der erste Sprung, den das Fohlen sprang,
— Sie gehn auf Goldschuh'n —
fünftausend Ellen von der Erde sich schwang.
So weit fahren die heimlichen Worte.

Der andere Sprung, den das Fohlen sprang,
— Sie gehn auf Goldschuh'n —
da war bis zur Höllenpforte sein Gang.
So weit fahren die heimlichen Worte.

Der dritte Sprung, den das Fohlen sprang,
— Sie gehn auf Goldschuh'n —
da war bis zum Tor des Himmels sein Gang.
So weit fahren die heimlichen Worte.

Und als es kam vor des Himmels Pfort',
— Sie gehn auf Goldschuh'n —
Ihm deuchte, es kennte von früher den Ort.
So weit fahren die heimlichen Worte.

Und das Fohlen sprang und froh war sein Gang,
— Sie gehn auf Goldschuh'n —
und oben saß Nikuls bleich und krank.
So weit fahren die heimlichen Worte.

„Guter Black, umkehre geschwind,
— Sie gehn auf Goldschuh'n —
derweil wir so weit von Hause sind."
So weit fahren die heimlichen Worte.

Und da rann Schweiß, und da rann Blut,
— Sie gehn auf Goldschuh'n —
Nikuls war müd' und es sank ihm der Mut.
So weit fahren die heimlichen Worte.

Herein kam der Diener, er meldet' im Lauf:
— Sie gehn auf Goldschuh'n —
„Nach Haus kam der Black und Nikuls darauf."
So weit fahren die heimlichen Worte.

„Willkommen Nikuls, willkommen zu Haus!
— Sie gehn auf Goldschuh'n —
Ich dachte, du bliebest auf immer aus.
So weit fahren die heimlichen Worte.

Führt Black in den Stall, gebt ihm Korn und Heu,
— Sie gehn auf Goldschuh'n —
doch Nikuls soll trinken bei Jungfrauen frei."
So weit fahren die heimlichen Worte.

Black wollte nicht essen vom Heu so grün,
— Sie gehn auf Goldschuh'n —
es stünden denn Frauen und Fräulein um ihn.
So weit fahren die heimlichen Worte.

Er wollte nicht trinken vom Brunnen hernach,
— Sie gehn auf Goldschuh'n —
wenn nicht der Goldring am Grunde lag.
So weit fahren die heimlichen Worte.

Der König, er sollt' in den Heerzug hinaus,
— Sie gehn auf Goldschuh'n —
und Beiarblack sollte bleiben zu Haus.
So weit fahren die heimlichen Worte.

Sie legten vor's Stalltor der Schlösser neun,
— Sie gehn auf Goldschuh'n —
Der Black, er sprengte sie, groß und klein.
So weit fahren die heimlichen Worte.

Der König, er steuert' sein Schifflein vom Land,
— Sie gehn auf Goldschuh'n —
Der Black, er zerriß das rote Goldband.
So weit fahren die heimlichen Worte.

Der Black, er tat mehr mit Zahn und Huf,
— Sie gehn auf Goldschuh'n —
als der König mit all seinen Mannen gut.
So weit fahren die heimlichen Worte.

Und also sprach ein alter Mann:
— Sie gehn auf Goldschuh'n —
„Ob niemand den Beiarblack schießen kann?“
So weit fahren die heimlichen Worte.

Und Antwort also gab Sigurd, der Held:
— Sie gehn auf Goldschuh'n —
„Ihr schauet, ob Ihr Beiarblack fällt!“
So weit fahren die heimlichen Worte.

Der erste Pfeil, der vom Bogen sich schwang,
— Sie gehn auf Goldschuh'n —
des Beiarblacks Herze in Stücke sprang.
So weit fahren die heimlichen Worte.

Der Black, er kämpfte mit Biß und Schlag,
— Sie gehn auf Goldschuh'n —
bis tot er dem König zu Füßen lag.
So weit fahren die heimlichen Worte.

„Und lieber misset' ich zwölftausend Mann,
— Sie gehn auf Goldschuh'n —
als Beiarblack hier im fremden Land.
So weit fahren die heimlichen Worte.

Und wär' es nicht ums Gerede der Leut',
— Sie gehn auf Goldschuh'n —
so legt' ich den Black in Erde geweiht.
So weit fahren die heimlichen Worte.

Und wär' es nicht um der bösen Zungen,
— Sie gehn auf Goldschuh'n —
so wollt' ich, daß Priester über ihn sungen.
So weit fahren die heimlichen Worte.

Doch weil das nicht Brauch in Mannheim mag sein,
— Sie gehn auf Goldschuh'n —
so grab' ich den Black nur unter den Stein."
So weit fahren die heimlichen Worte.

So gruben sie Black wohl unter den Stein,
— Sie gehn auf Goldschuh'n —
daß Raben und Krähen nicht über ihm schrein.
So weit fahren die heimlichen Worte.

DAS VERKEHRTE LIED

Ich wetzte den Stiefel
und sattelt' das Schwert
und band das Pferd mir zur Seite.
Dann stürzte ich fort
mit dem Katzengefährt,
wollt' bestehen im grimmigen Streite.
Ich lag und ich dacht',
ich träumte die Nacht —
am End war die Weise verkehrt gemacht.

Klein Lavrands der Junge.

Der König verlobet sich Sigaros
und führt sie vom Berge heim.
Das schuf Klein Lavrands dem Jungen
wohl Jammer viel und Pein.
Der König beweint' seinen Ehebund,
ritt traurig vom Heerzug heim.

Der König verlobet sich Sigaros
und führt sie heim aus dem Wald.
Das schuf Klein Lavrands dem Jungen
wohl Sorgen mannigfalt.
Der König beweint' seinen Ehebund,
ritt traurig vom Heerzug heim.

Und das war der dänische König,
der sollt' in den Heerzug hinaus,
und das war die Fraue Sigaros,
sollt' walten des Landes zu Haus.
Der König beweint' seinen Ehebund,
ritt traurig vom Heerzug heim.

„Und hör du, Fraue Sigaros,
ich bitte dies allein:
du hüte Klein Lavrands den Jungen,
das traute Söhnlein mein."
Der König beweint' seinen Ehebund,
ritt traurig vom Heerzug heim.

„Und höre du, dänischer König,
ich hüte dein Gold im Schrein,
ich hüte Klein Lavrands den Jungen,
als wärest du selber daheim.“ —
Der König beweint' seinen Ehebund,
ritt traurig vom Heerzug heim.

„Und höre du, Karin, mein Mägdelein,
was ich dich fragen wollt':
Und wie behagt's dir, im Königshof
zu hüten mein Gut und Gold?“
Der König beweint' seinen Ehebund,
ritt traurig vom Heerzug heim.

„So behagt mir's, im Königshof
zu hüten dein Gold und Gut,
daß wär' nicht Klein Lavrands der Junge,
da hegten wir fröhlichen Mut.“
Der König beweint' seinen Ehebund,
ritt traurig vom Heerzug heim.

„Hör du, Karin, mein Mägdelein,
das schafft uns nimmer Leid!
Wir werfen ihm über das Fohlengewand
und jagen ihn fort durch die Heid.“
Der König beweint' seinen Ehebund,
ritt traurig vom Heerzug heim.

Sie nahmen Klein Lavrands den Jungen
und plagten ihn gar so sehr,
sie warfen ihm über das Fohlengewand,
daß keiner es wüßt' umher.
Der König beweint' seinen Ehebund,
ritt traurig vom Heerzug heim.

Sie nahmen Klein Lavrands den Jungen
und schufen ihm große Qual,
sie warfen ihm über das Fohlengewand
und jagten ihn fort aus des Vaters Saal. —
Der König beweint' seinen Ehebund,
ritt traurig vom Heerzug heim.

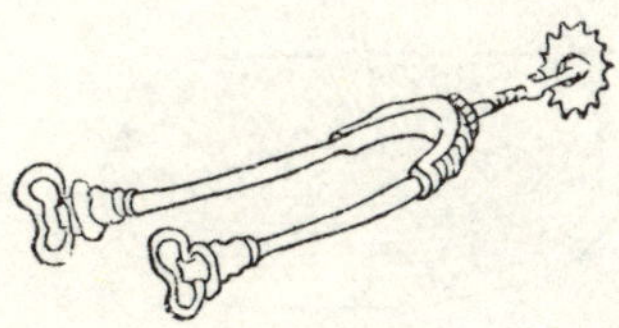

Und das war der dänische König,
er steuert' sein Schifflein ans Land,
und das wilde flüchtige Fohlen,
es spielt' auf dem weißen Sand.
Der König beweint' seinen Ehebund,
ritt traurig vom Heerzug heim.

Und das war der dänische König,
er sprach zu den Dienern schnell:
„Ihr fangt mir das flüchtige Fohlen
und sattelt mir es zur Stell."
Der König beweint' seinen Ehebund,
ritt traurig vom Heerzug heim.

Sie wollten fangen das Fohlen,
es mühte sich mancher Mann,
doch das wilde flüchtige Fohlen,
es braucht' wohl Huf und Zahn.
Der König beweint' seinen Ehebund,
ritt traurig vom Heerzug heim.

Das war der dänische König,
er rührt' es mit linder Hand,
nicht floh das flüchtige Fohlen,
so fromm und zahm es stand.
Der König beweint' seinen Ehebund,
ritt traurig vom Heerzug heim.

„O nehmt nun das flüchtige Fohlen
und führt's in den Stall hinein,
derweil ich geh' in den Frauensaal
zu Lavrands, lieb Söhnlein mein!" —
Der König beweint' seinen Ehebund,
ritt traurig vom Heerzug heim.

„Und hört ihr Knappen und Diener zumal,
ihr tut mir Gutes durchaus,
trinken laßt mich vom oberen Brunn,
jenen Rossen voraus.
Der König beweint' seinen Ehebund,
ritt traurig vom Heerzug heim.

Ich bin's nicht gewohnt, im Stalle zu stehn
und Heu zu essen und Korn,
vielmehr zu gehn in den Frauensaal
und zu trinken aus silbernem Horn.
Der König beweint' seinen Ehebund,
ritt traurig vom Heerzug heim.

Ich bin's nicht gewohnt, im Stalle zu stehn
und Korn zu essen und Heu,
vielmehr zu gehn in den Frauensaal,
und Met zu trinken so frei."
Der König beweint' seinen Ehebund,
ritt traurig vom Heerzug heim.

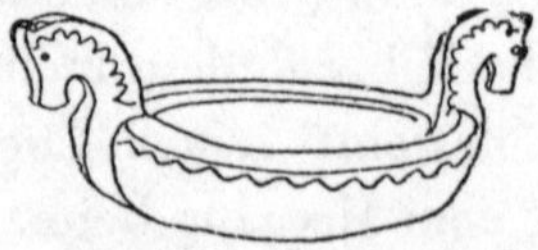

Herein kam der kleine Diener
und sagte die Botschaft an:
„Das flüchtige Fohlen im Stalle steht
und spricht als wie ein Mann!“
Der König beweint’ seinen Ehebund,
ritt traurig vom Heerzug heim.

Herein kam der dänische König,
vom Aug’ ihm die Träne rinnt:
„Und Gott vergebe dir, Sigaros,
was hast du verzaubert mein Kind!“
Der König beweint’ seinen Ehebund,
ritt traurig vom Heerzug heim.

„Und hör’ es, du dänischer König,
tu mir kein Weh und Leid.
Ich nehm von ihm das Fohlengewand
und wandre selbst durch die Heid‘“
Der König beweint’ seinen Ehebund,
ritt traurig vom Heerzug heim.

So schlug sie ihn schnell mit der Wolfsfaust,
und das zur selbigen Stund':
So schuf sie um sie zu Bären zwei'n,
die rennen im grünen Grund.
Der König beweint' seinen Ehebund,
ritt traurig vom Heerzug heim.

„So lange sollen die Bären sein
und laufen im wilden Tann,
bis sie reißen das Kind von der Mutterbrust
und es aufziehn zum Mann!"
Der König beweint' seinen Ehebund,
ritt traurig vom Heerzug heim.

Der Nix und Heiemo

Heiemo sang, daß es scholl unterm Hang,
— Aus Minne —
Das hörte der Nix, auf dem Meer war sein Gang.
Zwei Rosen schlafen darinnen.

Heiemo sang, daß es klang überm Sund,
— Aus Minne —
Das hörte der Nix, der Heidenhund,
Zwei Rosen schlafen darinnen.

Der Nix, er sprach zum Steuermann:
— Aus Minne —
„Du steure mein Schiff zum Christenland!"
Zwei Rosen schlafen darinnen.

„Was aber willst du im Christenland tun?
— Aus Minne —
Kannst doch nicht singen und beten nun.“
Zwei Rosen schlafen darinnen.

„Zum Christenland komm’ ich gegangen,
— Aus Minne —
die Jungfrau will ich erlangen.“
Zwei Rosen schlafen darinnen.

Als der Nix nun gekommen aufs Christenland,
— Aus Minne —
da schuf er sich um zum Christenmann.
Zwei Rosen schlafen darinnen.

Er schuf sich Gewänder, so golden als grün,
— Aus Minne —
sich selber schuf er zum Ritter kühn.
Zwei Rosen schlafen darinnen.

Er schuf sich Gewänder, so gelb und blau,
— Aus Minne —
und drauf er ritte, ein Rößlein grau.
Zwei Rosen schlafen darinnen.

Er schuf sich den Goldring am Finger,
— Aus Minne —
und kecklich zur Halle ein ging er.
Zwei Rosen schlafen darinnen.

Er schuf sich den Goldschuh an seinen Fuß,
— Aus Minne —
so ritterlich war in der Halle sein Gruß.
Zwei Rosen schlafen darinnen.

„Nun kommen ist, der sich im Tanz kann schwingen,
— Aus Minne —
es trete hervor, die am schönsten mag singen!“
Zwei Rosen schlafen darinnen.

Heiemo tanzte und Heiemo sang,
— Aus Minne —
und allen behagt’ es, sie lauschten dem Klang.
Zwei Rosen schlafen darinnen.

„Nun mag ein jeder kehren nach Haus,
— Aus Minne —
Heiemo nehm’ ich aufs Schifflein hinaus.“
Zwei Rosen schlafen darinnen.

Heiemo weinte, die Hände sie rang:
— Aus Minne —
„Soll ich folgen dem Nix auf dem langen Gang?"
Zwei Rosen schlafen darinnen.

Heiemo badet' in Tränen die Hand:
— Aus Minne —
„Soll ich folgen dem Nix zum salzigen Strand?"
Zwei Rosen schlafen darinnen.

„Heiemo, Heiemo, und stille dein Leid,
— Aus Minne —
sollst herrschen in meinen Goldburgen beid'.
Zwei Rosen schlafen darinnen.

Heiemo, Heiemo, stille den Harm,
— Aus Minne —
sollst schlafen wohl in des Nixen Arm."
Zwei Rosen schlafen darinnen.

So tät er eilends die Jungfrau umfangen,
— Aus Minne —
wollte mit ihr aufs Schifflein gelangen.
Zwei Rosen schlafen darinnen.

Heiemo dachte in ihrem Sinn:
— Aus Minne —
„Ob mir meine Messerlein brächten Gewinn?"
Zwei Rosen schlafen darinnen.

„Gestanden bin ich dem Bogen und Speer,
— Aus Minne —
Da schreckt mich wohl kaum eine Weiberwehr.
Zwei Rosen schlafen darinnen.

Gestanden bin ich dem Bogen und Pfeil,
— Aus Minne —
Da acht' ich kein Weibermesser derweil."
Zwei Rosen schlafen darinnen.

Kaum halb die Worte gesprochen hatt' er,
— Aus Minne —
ihm stund im Herzen die scharfe Wehr.
Zwei Rosen schlafen darinnen.

„Hier liege, du Nix, im rinnenden Blut,
— Aus Minne —
ich bin wohl geblieben ein Jungfräulein gut.
Zwei Rosen schlafen darinnen.

Lieg, Nix, hier vor Hund und Raben nun!
— Aus Minne —
Noch tanz' ich ein Weilchen in Jungfrauenschuh'n!
Zwei Rosen schlafen darinnen.

Hier liege, du Nix, vor Raben und Hund,
— Aus Minne —
noch sing' ich mein Liedlein im grünen Grund!"
Zwei Rosen schlafen darinnen.

Ola Glomstulen heiratet.

Ola Glomstulens Ziege war mager und alt.
„Ach, kleine liebe Karin, mach mir Würste daraus.
Ola Glomstulen heiratet und gibt einen Schmaus!"

Ola Glomstulen hat nur einen halben Scheffel Malz.
„Ach, kleine liebe Karin, du braue mir Bier.
Ola Glomstulen heiratet und feiert wohl hier!"

Ola Glomstulens Brautzug, der war recht lang,
er führte durch zwei Dörfer bis zum Hause am Hang.
Ola Glomstulen heiratet!

SVEN NORMAN

Sven Norman, er kommt geritten ans Tor,
— Für die, so verscharrt in der Erde —
mit wallendem Haar steht stolz Goldburg davor.
Doch zur Freite zieht Sven,
Sven Norman, nordwärts vom Berge.

„Nicht not ist's, du strählest dein Haar für mich,
— Für die, so verscharrt in der Erde —
es lüstet mich nicht, daß ich freite um dich."
Doch zur Freite zieht Sven,
Sven Norman, nordwärts vom Berge.

„Und freist oder freiest du nicht, wie es wär',
— Für die, so verscharrt in der Erde —
gewinnen wirst du mich nimmermehr."
Doch zur Freite zieht Sven,
Sven Norman, nordwärts vom Berge.

„Doch führen will ich dich in das Land,
— Für die, so verscharrt in der Erde —
wo du wandelst auf Golde, wie hier auf Sand.
Doch zur Freite zieht Sven,
Sven Norman, nordwärts vom Berge.

Und will dich führen zum Eiland geschwind,
— Für die, so verscharrt in der Erde —
wo du lebst ohne Sorge und stirbst ohne Sünd'!"
Doch zur Freite zieht Sven,
Sven Norman, nordwärts vom Berge.

Stolz Goldburg stand und dachte bei sich:
— Für die, so verscharrt in der Erde —
„So wirbt wohl kaum je ein andrer um mich!"
Doch zur Freite zieht Sven,
Sven Norman, nordwärts vom Berge.

Stolz Goldburg, sie sammelt ihr Gold in den Schrein,
— Für die, so verscharrt in der Erde —
Sven Norman, er sattelt den Traber sein.
Doch zur Freite zieht Sven,
Sven Norman, nordwärts vom Berge.

Sven Norman, er sattelt den Traber zum Lauf,
— Für die, so verscharrt in der Erde —
so leichtlich hebt er stolz Goldburg hinauf.
Doch zur Freite zieht Sven,
Sven Norman, nordwärts vom Berge.

Und als sie kommen hinaus auf die Heid',
— Für die, so verscharrt in der Erde —
da war eine Grube dorten bereit.
Doch zur Freite zieht Sven,
Sven Norman, nordwärts vom Berge.

„Und höre, Sven Norman, ich sage dir:
— Für die, so verscharrt in der Erde —
Was grubst du dies Grab auf der Heide hier?“
Doch zur Freite zieht Sven,
Sven Norman, nordwärts vom Berge.

„O, für mein Rößlein ist's viel zu klein,
— Für die, so verscharrt in der Erde —
doch es schickt sich genau für die Liebste mein.
Doch zur Freite zieht Sven,
Sven Norman, nordwärts vom Berge.

Und neun der Jungfrau'n verlobt ich mir,
— Für die, so verscharrt in der Erde —
und alle hab' ich begraben hier.
Doch zur Freite zieht Sven,
Sven Norman, nordwärts vom Berge.

Du aber sollst die zehnte sein,
— Für die, so verscharrt in der Erde —
und alle Sünden tragen allein."
Doch zur Freite zieht Sven,
Sven Norman, nordwärts vom Berge.

Und als sie kommen zum Rosengrund,
— Für die, so verscharrt in der Erde —
da gelüstet's Sven Norman, zu ruhn eine Stund'.
Doch zur Freite zieht Sven,
Sven Norman, nordwärts vom Berge.

„Du dientest so lang meinem Vater fürwahr!
— Für die, so verscharrt in der Erde —
Doch nimmer kämmt' ich dein goldenes Haar."
Doch zur Freite zieht Sven,
Sven Norman, nordwärts vom Berge.

„Und gerne magst du kämmen mein Haar,
— Für die, so verscharrt in der Erde —
verrätst du mich nimmer im Schlummer gar."
Doch zur Freite zieht Sven,
Sven Norman, nordwärts vom Berge.

Sven Norman neigt sich zu Goldburgs Knien,
— Für die, so verscharrt in der Erde —
der Runenschlummer kam über ihn.
Doch zur Freite zieht Sven,
Sven Norman, nordwärts vom Berge.

Stolz Goldburg nahm ihr seidenes Band,
— Für die, so verscharrt in der Erde —
so band sie Sven Norman an Fuß und Hand.
Doch zur Freite zieht Sven,
Sven Norman, nordwärts vom Berge.

„Und höre, Sven Norman, ich sprach zu dir,
— Für die, so verscharrt in der Erde —
im Schlummer verriet ich dich nimmer hier."
Doch zur Freite zieht Sven,
Sven Norman, nordwärts vom Berge.

Sven Norman erwachte und schaut' umher,
— Für die, so verscharrt in der Erde —
an Haupt und Fuß gebunden war er.
Doch zur Freite zieht Sven,
Sven Norman, nordwärts vom Berge.

Stolz Goldburg nahm ihr Messerlein,
— Für die, so verscharrt in der Erde —
das stieß sie Sven Norman ins Herz hinein.
Doch zur Freite zieht Sven,
Sven Norman, nordwärts vom Berge.

„Du lieg hier vor Hund und Raben nun,
— Für die, so verscharrt in der Erde —
ein Weilchen noch wandl' ich in Jungfrauenschuh'n!"
Doch zur Freite zieht Sven,
Sven Norman, nordwärts vom Berge.

Stolz Goldburg sich schwingt auf Sven Normans Pferd,
— Für die, so verscharrt in der Erde —
so reitet sie heim, ein Ritter wert.
Doch zur Freite zieht Sven,
Sven Norman, nordwärts vom Berge.

Und wie sie reitet des Weges frei,
— Für die, so verscharrt in der Erde —
da trifft sie Sven Normans Brüder drei.
Doch zur Freite zieht Sven,
Sven Norman, nordwärts vom Berge.

„Und hör du, stolz Goldburg, schön und fein,
— Für die, so verscharrt in der Erde —
wo ist Sven Norman, der Bräutigam?“
Doch zur Freite zieht Sven,
Sven Norman, nordwärts vom Berge.

„Er liegt wohl da unten im grünen Hag,
— Für die, so verscharrt in der Erde —
dort fand er ein blutiges Brautgemach.
Doch zur Freite zieht Sven,
Sven Norman, nordwärts vom Berge.

Er liegt wohl da unten im tiefgrünen Hain,
— Für die, so verscharrt in der Erde —
wo Krähen und Raben über ihm schrein.“
Doch zur Freite zieht Sven,
Sven Norman, nordwärts vom Berge.

Fischerlied.

Ich ruderte aus wohl zur Morgenstund,
warf die Netze zum Fang auf des Flusses Grund.
Kam da nicht der Ole, der freche Gesell,
und ruderte pfeifend an meine Stell'?

Ich schlug ihn nicht schlecht mit der Fischerstange,
daß er seinen Rücken noch fühlen wird lange.
Und frei und froh klang mein Liedelein:
Juchhei! Jetzt fisch' ich am Grunde allein!
Sudeli, sudeli, sudelidei!

SCHWEDEN

(Melodie zu „Per“)

Du gamla, du fria, du fjällhöga Nord,
du tysta, du glädjerika sköna!
Jag hälsar dig vänaste land paa var jord,
Din sol, din himmel, dina ängder gröna!

DER GESTOHLENE HAMMER

Torkar sitzt in seinem Stuhle, zornig tönt sein Fluch:
„Trolltram hat mir meinen Goldhammer gestohlen, das war ein Unglückszug!“
— Thorer zügelt sein Füllen mit dem Zaume. —

„Hör, Locke Lewe, du Diener mein, du sollst fliegen all Land herum
und holen den Hammer mir heim.“

Das war Locke Lewe, der sich Goldflügel machen ließ,
flog nach Trolltrams Hofe, wo der Troll in die Esse blies.

„Hör, du alter Trolltram, was ich sage dir:
Hast du Torkars Hammer genommen, so birg es nicht vor mir.“

„Torkars Hammer hab' ich genommen, das sei dir nicht verschwiegen,
tut fünfzehn und vierzig Faden tief unter der Erde liegen.

Bring nun Torkar die Antwort zurück, er kriegt den Hammer nicht,
wenn er mir nicht Jungfer Frojenborg, die schöne Sonne, verspricht."

„Trolltram schickt die Antwort dir, du kriegtest den Hammer nicht,
wenn du ihm nicht Jungfrau Frojenborg, die schöne Sonne, versprichst."

Das war die schöne Frojenborg, erschrak gar sehr darüber,
aus jedem Finger sprang ihr Blut und floß auf die Erde nieder.

„Hör, du liebe Schwester mein, was ich nun sage dir:
Wie vieles Gold wohl gibst du mir, wenn Braut ich werd
statt dir?“

Das war Torkar selber, der ließ sich Brautkleider nähen,
reiste nach Trolltrams Hofe, die sollten als Braut ihn sehen.

„Höre, du alter Trolltram, soll hier nun Hochzeit sein,
so wirf die kleinen Becher hinweg, mit Eimern und Zubern
trag' ein.“

Das war der alte Trolltram, der war ihr gar nicht hold:
„Des Teufels Braut mag die wohl sein, dir gar nicht kann
werden voll.“

Antwortete Locke Lewe, den Preis zu gewinnen meint er:
„Hat vierzehn Tag' nichts gegessen, sie sehnte sich so hierher.“

Das war der alte Trolltram, der freut sich des Wortes nun,
Da läßt er bringen den Hammer und auf den Brauttisch tun.

Fünfzehn kleine Trollen waren's, die trugen den Hammer herein,
Die Braut, die nimmt ihn mit einer Hand und birgt ihn ins Kleid hinein.

Sobald er den Hammer hatt' in der Hand, da ging er im Kreise umher,
fünfzehn Trollen und vierzig, die lagen da all umher.
— Thorer zügelt sein Füllen mit dem Zaume. —

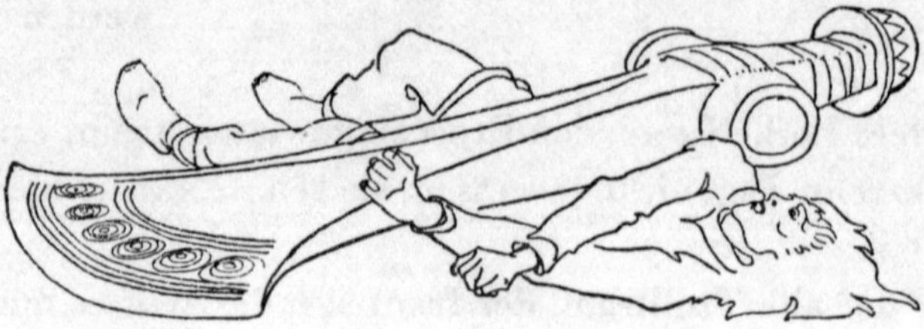

Jungfrau und Bergkönig

Die Jungfrau wollte zum Frühmeßgesang,
Laub und Himbeerzweig!
Sie nahm den Weg, der am mindesten lang,
denn sie fühlte herzliche Reu!

Und als sie kam in Waldesgrund,
ein feiner Herr da vor ihr stund.

„Liebe Jungfrau, seid nicht so eilig heut,
kommt doch noch zur Kirche zur rechten Zeit.“

Der Herr nahm die Jungfrau beim Händchen fein
und führte sie tief ins Gebirg hinein.

Um den Berg herum ging das Bergköniglein,
der Berg sprang auf, sie gingen hinein.

Im Berge da lebte sie zwanzig Jahr’,
ihr dünkt es, als ob es seit gestern war.

Zu dem Bergkönig sprach die Jungfrau schön:
„Darf ich heim zu meiner Mutter wohl gehn?"

„Wohl darfst du gehn, doch eins versprich:
Nenn vor ihr meinen Namen nicht!"

Und die Jungfrau ging zu lieb Mutters Haus,
da trat lieb Mutter zur Türe heraus.

„Willkommen, willkommen, lieb Tochter mein!
Wo magst du so lange gewesen sein?"

„Ich bin gewesen im Rosenhain,
da pflückt' ich mir viele Röschen klein."

„Was ist so bleich die Rosenwange dein,
Was bist du so blau unter den Äugelein?"

„Ich will die Wahrheit nicht bergen vor Euch:
Der Bergalp hat mich verlockt in sein Reich."

Kaum war das Wort aus ihrem Mund,
der Bergalp vor den Frauen stund.

„Und ist offenbar jetzt unser Tun,
nicht länger darfst hier verweilen nun!

Um Euer Kind, liebe Dame, nicht sorgen dürft Ihr,
nicht Not soll sie leiden, so lang sie bei mir!“

Der Alp sich tief vor der Mutter verneigt:
„Nimm Abschied von Vater und Mutter nun gleich.“

Der Alp nahm die Jungfrau beim Händchen fein
und führte sie tief ins Gebirge hinein.

Um den Berg herum der Alp ging drauf,
der Berg sprang auf und nahm sie auf.

In den Goldstuhl wirft sich die Jungfrau hin,
mit Kummer beladen war ihr der Sinn.

Da nahm der Alp das Goldhörnlein:
„Nun sollst du trinken Met und Wein.“

Das erste Mal sie das Hörnlein leert,
vergaß sie beides, Himmel und Erd'.

Das zweite Mal aus dem Hörnlein sie trank,
schwand ihr an Sonn' und Mond der Gedank'.

Das dritte Mal setzte das Hörnlein sie an,
aus dem Sinn ihr Vater und Mutter schwand.

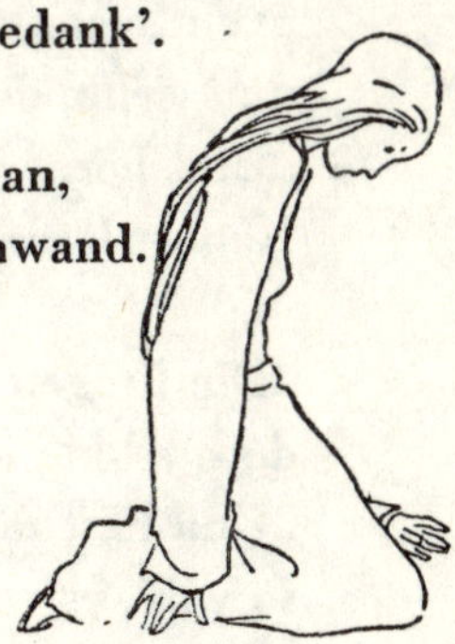

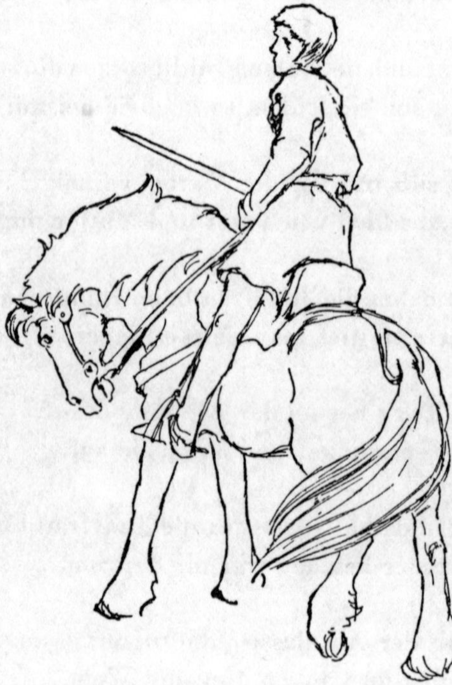

SVEN SVANEVIT

Sven Svanevit, er reitet so weit er kann,
und siehe, da begegnet ihm ein Wandersmann.
„Und höre, Wandersmann, was ich will sagen dir:
Kannst lösen du die Fragen wohl, die ich jetzt sage dir?"

„Die Fragen dein nicht acht' ich der Rede wert,
doch schlug ich Islands König tot mit meinem Schwert."
„Und hast du Islands König gebracht in Todesnot,
so wiß', es war mein Vater, den du geschlagen tot."

Sven Svanevit, er zog nun sein schwarzes Schwert,
und aus dem Leib des Wandersmanns wohl Lung' und
Leber fährt.
Sven Svanevit, er schlug ihn in Stücke so klein,
wie Lindenlaub im Herbste wohl fällt auf den Rain.

Sven Svanevit, er ziehet so weit er kann,
und siehe, da begegnet ihm ein andrer Wandersmann.
„Und höre, Wandersmann, was ich will sagen dir:
Kannst lösen du die Fragen wohl, die ich jetzt sage dir?

O sage, was ist runder wohl als der Kreis?
Und welche Tiere haben wohl vor allen den Preis?
Wo ist es, da die Sonne hat ihr Haus?
Der Toten Füße, wohin liegen sie hinaus?

Wer ist es, der da bauet die breiteste Brück'?
Und wo geht am allerschnellsten der Fisch?
Nach welchem Ort führet die breiteste Bahn?
Und wo liegt auf Erden der allerhäßlichste Mann?

Hör, was ist wohl schwärzer noch als eine Kohl'?
Kennst du was Geschwinderes als Lerchenflügel wohl?
Und was ist wohl weißer noch als der Schwan?
Und was ist wohl höher als der Kraniche Bahn?"

„Ja, die Sonn' ist runder als der Kreis,
die Tier' im Himmel haben vor allen den Preis,
im Westen ist's, wo lieget der Sonne Haus,
der Toten Füße liegen nach Osten hinaus.

Das Eis ist's, das da bauet die breiteste Brück',
darunter gehet am allerschnellsten der Fisch.
Zur Hölle hin, da führet die breiteste Bahn,
und da liegt auch ja der allerhäßlichste Mann.

Die Sünde ist viel schwärzer noch als eine Kohl',
und schneller ist die Seel' als Lerchenflügel wohl.
Die Engel, sie sind weißer noch als der Schwan,
höher als des Kranichs ist des Donners Bahn."

Drei Tage lang sie tranken, sie tranken wahrlich sehr:
„Und weißt du alles dieses, so weißt du wohl mehr."
Sven Svanevit, er nahm seine Ringe von der Hand
und eilte, sie zu geben dem fremden Wandersmann.

Nach Ostland will ich fahren.

Nach Ostland will ich fahren,
wo meinen Liebsten ich find',
über Berg und tiefe Tale
wohl unter der grünen Lind'.

Vor meines Liebsten Hütte
da stehn zwei Bäume grün,
die allzeit sind geschmücket
mit Früchten wunderschön.

Die grünen im Winter und Sommer,
sie stehen im Walde beid'.
Das eine trägt Muskaten,
das andere Nägelein.

Ein Garten ist gepflanzet
nach hoher Weisheit Plan,
mit Baum und Kraut gezieret,
die niemand beschreiben kann.

Und mitten in dem Garten
des Lebens Blume blüht,
trägt zwölf verschiedene Früchte,
heilkräft'ge Blätter gut.

Meine Seel', tu dich bereiten,
du findest den Weg sonst nicht
über Berge und dürre Heiden,
bevor die Nacht einbricht.

Krähenhain.

Es ist so herrlich im Krähenhain,
das ist solch herrlicher Ort!
Wohl alle Lust und Freude der Welt,
die findet sich alldort.
Die Krähe hat Saal und Gemächer im Walde.

Die Krähe, sie hat Gemächer und Saal
und eine Halle davor.
Der Hahn, er geht auf dem Hof einher,
Wache hält er am Tor.
Der Adler ist Pförtner im Walde.

Der Adler ist ein Pförtner dort,
die Katze muß Wache stehn.
Es ist so herrlich zur Weihnachtszeit
in diesen Wald zu gehn.
Der Star, der ist Küchenmeister im Walde.

Der Star ist Küchenmeister am Ort,
er rüstet seinem Herrn das Mahl,
der Fink, der ist ein Vogel klein,
er wäscht die Schüsseln zumal.
Der Fuchs, er läuft wohl ein und aus im Walde.

Der Fuchs, er läuft wohl aus und ein
mit seinen falschen Tücken:
„Bekomm' ich die frischen Fische nicht,
so will ich die Hühnchen erdrücken."
Der Reiher mit krummem Hals, der ist ihr Knecht
im Walde.

Der Reiher mit seinem krummen Hals,
das muß ihr Diener sein,
der Kranich stehet im Keller
auf seinen langen Bein'n.
Die Elster schenket Met und Wein im Walde.

Die Elster schenkt so Met als Wein,
gar sauer wird ihr der Gang,
sie kann sich nicht wenden und drehen,
ihr Schweif, der ist ihr zu lang.
Der Wolf trinkt aus der Silberschal' im Walde.

Der Wolf, er trinkt aus der Silberschal',
wirft sie zu Boden sodann,
da staunen die andern Tierlein all,
wie er sich's erdreisten kann.
Die Krähe kam hereingehüpft zum Walde.

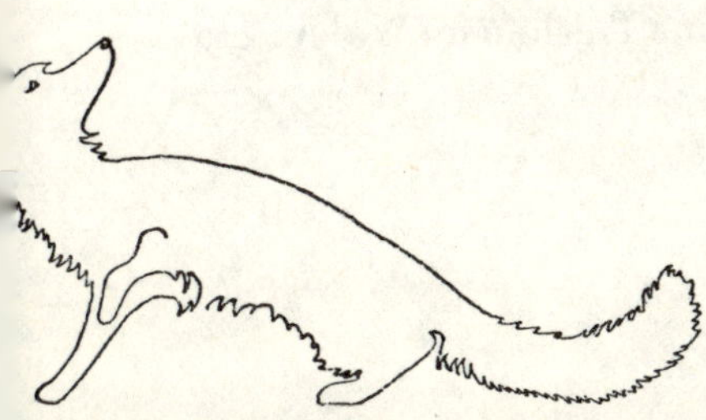

Die Krähe kam hereingehüpft
mit ihrer schwarzen Haube:
„Hier sitzet Ihr alle heil und wohl,
Ihr seid nicht satt, ich glaube!"
Gab Antwort der Bär, der alte Bauer im Walde.

Gab Antwort der Bär, der alte Bauer,
in der Bank, wo er saß:
„Es hat uns an nichts gemangelt,
nicht an Braten, noch Bier im Glas."
Die Eule ist ein schöner Vogel im Walde.

Herein kam die Eule, der schöne Vogel,
mit ihrer Stirn so breit:
„Ihr schenkt Euch ein, Ihr trinkt mir zu,
herzliebe Nachbarsleut'!"
Der Bär und der Adler stehn vor dem Schenktisch
im Walde.

Der Bär und der Adler vorm Schenktisch stehn,
sie trinken Sankt Martins Minne:
„Herr Gott, du segne uns und all,
die versammelt sind hierinnen."
Hier sind auch noch andere kleine Tierlein im Walde.

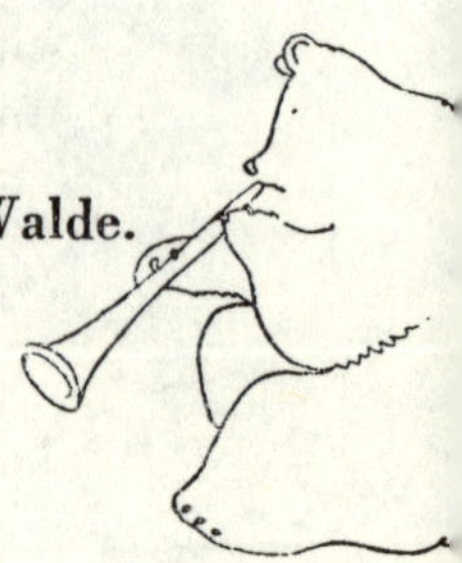

Inga, die kleine Mühlenmagd.

Wachend der König im Hochsaal lag:
„Wer wohl meine Goldharfe schlagen mag?“
Tief, tief im Eichenhain, dem grünen.

„Es ist keine Harfe, es dünkt Euch nur so:
Klein Inga singt in der Mühle froh.“
Tief, tief im Eichenhain, dem grünen.

Der König, er sprach zu den Dienern zwei'n:
„Laßt zu mir eingehen Inga klein!“

„Wie wollt Ihr, daß mich der König schau?
Mein Kleid ist ja selbstgewebt nur und grau.“

Klein Inga trat herein zur Tür,
gar freundlich nickte der König ihr.

„Klein Inga, klein Inga, das Liedlein singe mir!
Ein Kleid von Silber, das geb' ich dir.“

„Ein Kleid von Silber, das acht' ich nicht sehr,
doch sing' ich dir gerne das Liedlein nunmehr."

„Klein Inga, klein Inga, das Liedlein singe mir!
Im Königsfluß ein Schifflein, das geb' ich dir."

„Im Königsfluß ein Schifflein, das acht' ich nicht sehr,
doch sing' ich dir gerne das Liedlein nunmehr."

„Klein Inga, klein Inga, das Liedlein singe mir!
Mein Reich zur Hälfte, ich gebe es dir."

„Dein Reich zur Hälfte, das acht' ich nicht sehr,
doch sing' ich dir gerne das Liedlein nunmehr."

„Klein Inga, klein Inga, das Liedlein singe mir!
Meinen eignen jungen Leib, den gebe ich dir."

„Deinen eignen jungen Leib, den acht' ich nicht sehr,
doch sing' ich dir gerne das Liedlein nunmehr."

Sie sang zum ersten, zum zweiten Mal:
Aufstanden die Toten aus den Gräbern zumal.

Sie sang zum dritten, zum vierten Mal:
Des Königs Mannen, sie tanzten zumal.

Sie sang zum fünften, zum siebenten Mal:
Der König tanzt mit dem Bräutlein im Saal.

Klein Inga setzt sich auf den Goldsessel rot,
der König selbst ihr die Goldkrone bot.
Tief, tief im Eichenhain, dem grünen.

Kristalle, die feinen.

Kristalle, die feinen,
wie Sonnen sie scheinen,
wie Sterne in himmlischem Blau.
Doch hier kenn' ich eine,
an Tugend so reine,
ein Mädchen, so jung und so schön.

Mein Lieb, mein Lieb, ach könnte ich
für immer dein Herze gewinnen!
Ach, wärest du mein Schätzelein
und ich der Herzallerliebste dein.
Du adelige Rose, du goldener Schrein.

Und ob du auch zögest in weiteste Ferne,
es riefe mein Herze nach dir.
Und wärst du so fern wie die blinkenden Sterne,
mein Herz sucht den Weg doch zu dir.
Zu dir, mein Lieb, so jung und schön,
wollt' es durch Dorn und Disteln gehn,
in treuer Lieb' zu dir.
Du adelige Rose, du goldener Schrein.

Klein Christel geht hinein in den Stall,
um Hinkeli und Finkeli! —
sie mustert die Rosse, die fünfe all.
Um Freunde und Sippen
und Schwäher und Magen
und Herren und Fürsten
und Brüder und Schwestern
und den, der liegt gefangen.

Sie mustert den weißen, sie mustert den grauen,
sie sattelt den, der fuchsrot zu schauen.

So reitet sie vor des Königs Tor,
und draußen steht selber der König davor.

„Wo hast du das große Gefangenenhaus dein?
Dort will ich leuchten mit Fackelschein."

„Mein Gefangenenhaus liegt so tief im Land,
daß nimmer ein Ritter den Weg dahin fand.“

Klein Christel, sie reitet zwei Tage durchaus,
da kam sie ans große Gefangenenhaus.

Ihre Fingerlein waren behend und weich,
zurücke schiebt sie den Riegel sogleich.

„Mein Bruder, mein Bruder, gib Antwort mir:
Wieviel ihrer waren's, die banden dich hier?“

„Mich banden nicht viere, nicht fünfe bloß,
mich banden wohl hundert von des Königs Troß.“

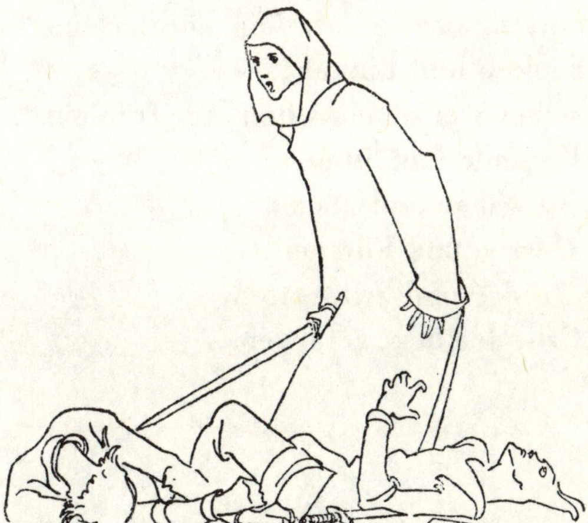

Klein Christel, sie stampft, daß klirret der Sporn:
„Ich wollt', ich träf' sie mit meinem Zorn!"

Zum König eilig die Botschaft kam:
„Dem Gefangnen ein Ritter die Fesseln nahm."

Der König sprach zu den Dienern sein:
„Ergreift ihn und setzt in den Turm ihn hinein!"

Klein Christel, sie schwenkt ihr mutiges Pferd,
des Königs Mannen, sie haut sie zur Erd'.

Klein Christel trocknet ihr blutiges Schwert:
„Wärst du nicht der König, das wärest du wert!"

„Lieber stolzer Ritter, du stille dein Schwert!
Ich geb' dir meine Tochter, du bist ihrer wert."

„Gar wenig begehr' ich dein Töchterlein,
um Hinkeli und Finkeli! —
Bin selber wie sie ein schön Jungfräulein."
Um Freunde und Sippen
und Schwäher und Magen
und Herren und Fürsten
und Brüder und Schwestern,
und den, der liegt gefangen.

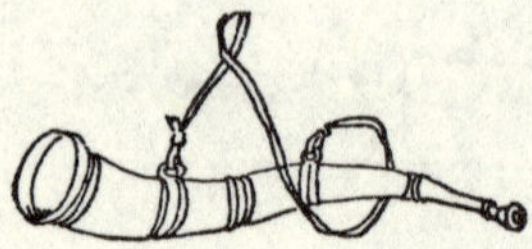

PER SCHWEINEHIRT

Per Schweinehirt setzt' sich an den Feldweg und sang:
Komm falleralla lalalalalei, lalalalei, lalalalei, fallalei!
Er wünscht sich eine Jungfrau für Herz wohl und Hand.
Komm falala, lalala, lalala, lalalalei,
sing falalalei, sing falalalei, falalei.

Und die Schlange im Gebüsche ringelt's Schwänzchen und sprach:
„Du bekommst deine Jungfrau erst am Nimmerleinstag."

Am Morgen, noch ehe hell stieg die Sonne hervor,
Per Schweinehirt stand vor des Königs Tor.

„Am Tage da hüt' ich, Herr König, deine Schwein' —
zur Nacht träum' ich allzeit von dem Töchterchen dein."

Und der Schweinehirt zog ab drauf die Handschuhe sein,
da sah man wohl blitzen den herrlichsten Stein.

Und der Schweinehirt warf ab den verschlissenen Hut,
da sah man die Goldkrone, und die kleidet ihn gut.

„Ich bin gar kein Schweinehirt, wie Ihr es gedacht.
Ich bin der größte König, der auf Erden hat Macht!"

Die beiden Schwestern.

Es wohnte ein König in Engeland,
— So hört' ich ein Vögelein singen —
zwei Töchter, die hatt' er jung und gewandt.
Grade nun steht der Wald in der Blüte.

Und die Älteste sagte zur Schwester schön:
„Komm, laß uns nieder zum Strande gehn."

Die jüngste war schön und glänzte wie der Tag,
die ältste war schwarz wie die finstre Nacht.

Die jüngste voran ging mit wallendem Haar;
es folgte die ältste — so falsch sie war.

Und wie sie nun gingen am Strand daher,
da stieß sie die Schwester ins tiefe Meer.

Und die Jungfrau streckt empor ihre schneeweiße Hand:
„O Schwester, du liebe, o hilf mir aufs Land.

O Schwester, du liebe, o hilf mir aufs Land,
ich will dir auch geben mein rotgoldnes Band.“

„Dein rotes goldnes Band wird mir doch beschert,
doch nimmermehr sollst treten du auf Gottes grüne Erd’.“

„Und Schwester, du liebe, o hilf mir aufs Land,
ich will dir auch geben meinen roten goldnen Kranz.“

„Dein roter goldner Kranz wird mir ja doch beschert,
doch nimmermehr sollst treten du auf Gottes grüne Erd’.“

„Und Schwester, du liebe, o hilf mir aufs Land,
ich will dir auch geben meinen jungen Bräutigam.“

„Aufs Land will ich helfen dir nimmermehr,
dein Liebster, er wird mir ja doch beschert.“

Die Fischer, sie ruderten wohl in der finstern Nacht
und kamen an den Ort, allwo die Jungfrau lag.

Sie fanden der Jungfrau schneeweißen Leib
und brachten ihn leise aufs Land sogleich.

Des Weges nun ein Harfner reist’,
er machte eine Harfe sich aus der Maid.

Und er nahm der Jungfrau schneeweiße Brust,
der Klang sollte jeden erfüllen mit Lust.

Und er nahm der Jungfrau Fingerlein
und machte daraus die Schrauben fein.

Und er nahm das schöne goldne Haar der Maid
und machte daraus die schönste Harfensait'.

So nimmt er die Harf' in die Arme sein
und geht in den Hochzeitshof hinein.

Die Harfe er spielte so schön und laut:
„Nun höre, was die Harfe spricht, du junge Braut!"

Der erste Griff auf der Harf' erklang:
„Die Braut, sie trägt mein rotes goldnes Band!"

Und der zweite Griff auf der Harf' erklang:
„Der Bräutigam ist mein lieber Bräutigam!"

Und der dritte Schlag, den die Harfe schlug:
„Meine Schwester stieß mich in die tiefe Flut."

Am Sonntag saß die Braut noch mit der goldnen Kron',
— So hört' ich ein Vögelein singen —
am Montag aber fand sie auf dem Holzstoß ihren Lohn,
Grade nun steht der Wald in der Blüte.

Die Schelmin gelobt.

Was ich gelobet, das will ich halten:
daß ich nicht lieben will je mehr als drei.
Wohl ein'n zur Notzeit
und ein'n zum Scherzen,
der dritte soll bleiben
mein Liebster fein.

Der Knab im Rosenhain

Wo bist du so lang gewesen, —
— du Knab' im Rosenhain? —
„Bin im Stall gewesen,
liebes Mütterlein.
Ihr harr't mein spät, doch ich kehre nimmer."

Was ist dein Kleid so blutig,
— du Knab' im Rosenhain? —
„Mich trat das Rößlein mutig,
liebes Mütterlein.
Ihr harr't mein spät, doch ich kehre nimmer."

Was ist so blutig dein Hemdelein?
„Erschlagen hab' ich den Bruder mein."

Wohin denn willst du ziehen?
„Will aus dem Lande fliehen."

Wann kommst du heimgezogen?
„Wenn weiß kommt der Rabe geflogen."

Wann kommt der Rabe weiß geflogen,
— du Knab' im Rosenhain? —
„Wenn der Felsblock schwimmt auf den Wogen,
liebes Mütterlein.
Ihr harr't mein spät, doch ich kehre nimmer."

Die Macht der Harfe.

Klein Christel sitzt und weint im Gemach —
Herr Peter im Hofe spielet und lacht.
Mein Herzenslieb, sag mir, was trauerst du?

„Weinst du um den Sattel, weinst du um das Roß?
Oder weinst du, zu werden mein Ehegenoß?"
Mein Herzenslieb, sag mir, was trauerst du?

„O, nicht um den Sattel und nicht um das Roß,
noch wein' ich, zu werden dein Ehegenoß.

Ich weine vielmehr um mein Haar von Gold,
das heute die blaue Flut färben soll.

Ich wein' um die Brücke von Ringfalla,
denn meine zwei Schwestern ertranken allda!

Es ward mir als Kind schon wahrgesagt:
Leid werde mir bringen mein Hochzeitstag!"

„Deinem Roß lass' ich runde Schuh' antun,
Es soll nicht stolpern auf vier goldnen Schuh'n.

Zwölf meiner Hofleut' soll'n vor dir reiten,
zwölf meiner Hofleut' auf jeder Seiten."

Und als sie kamen nach Ringfalla-Hain,
da spielet ein Hirsch da mit gold'nem Geweih.

Dem Hirsche nachjagen all ihre Begleiter,
Klein Christel, sie reitet verlassen weiter.

Und als auf Ringfallas Brücke sie nun,
da stolpert das Roß auf seinen Goldschuh'n.

Vier Goldschuh' und auch Goldnägel so viel —
In den reißenden Strom die Jungfrau fiel.

Herr Peter sprach zum Edelknaben schnell:
„Geh, hole mir meine Goldharf' zur Stell!"

Zum ersten griff in die Harf' er mit Macht,
da sitzt der Nix auf dem Wasser und lacht.

Zum zweiten greift er in die Goldharf' hinein,
da sitzt der Nix auf dem Boden und weint.

Zum dritten Male die Goldharf' erklang,
da streckt sich empor ein schneeweißer Arm.

Er spielte so lieblich, so wonnesam,
das Vöglein auf dem Zweig zu tanzen begann.

Er spielte die Rinde vom Baume los,
er spielte Klein Christel auf seinen Schoß.

Und der Nix hervorkam aus tiefer Flut,
wohl auf jedem Arm ihm ein Mädchen ruht.

Der Liebste mein wohnt auf Alunda-Feld,
— Alo, Alunda, Alundalei! —
hat Augen so blau wie des Himmels Zelt.
Alunda, lunda, alo!

Gar stolz und leicht ist sein herrlicher Gang,
die Sonne verbrannte ihm Stirne und Wang.

Und sitzt er zu Pferde und reitet er fort,
nie sah ich wohl kühneren Reiter am Ort.

Doch geht er zum Tanze gar zierlich und fein,
verliebt in ihn sind alle die Mägdelein.

Am Pfingsttag an der Quelle, da setzt er sich zu mir:
„Kleine Rosa, hör zur, was ich sagen will dir.

Rosa, kleine Rosa, und liebest du mich?“
„O nein, Alunda, lundalei!
Du kriegst schon ’ne andre, die nimm nur und geh!
Alunda, lunda, alo.“

Kam er wieder zu mir in Mittsommernacht
und holt mich zum Tanze. Ich gebe nicht acht,
da hat er, ich will es euch frei gestehn,
mich zärtlich geküßt, ach, es war zu schön.

„Kleine Rosa“, so sagt er, „soll ich sterben vor Schmerz?“
„O nein, Alunda, alundalei!
Hier hast du meine Hand und längst hast du mein Herz.
Alunda, lunda, alo!“

Stolz Botelid als Stallknecht.

Stolz Botelid sie reitet zum Königssaal:
„Tut not meinem König ein Knecht im Stall?“
Sie sprach: Lust hab’ ich zu reiten.

Der König, er sieht durch die weiße Gardin’:
„Ich glaube, ich sah zwei Weiberwangen blühn.“

Der König, er sprach zu den Dienern zwein:
„Stolz Botelid bringet zu mir herein.“

„Wie könnt’ ichs doch wagen zum König zu gehn?
Im grauen Wollkleid ihr seht mich hier ja stehn.“

„Im grauen Wollkleid sehen wir dich hier wohl stehn,
doch mit uns hin zum Könige sollst du nun gehn.“

Stolz Botelid, sie dienete da sieben Jahr' in Ehr',
im achten aber wurde ihr das Gehn so schwer.

Stolz Botelid, sie legte ab ihr Wollröcklein grau,
darunter war gekleidet sie in Damast blau.

Stolz Botelid, sie steiget nun hinauf zum hohen Saal,
die Strümpfe waren seiden ihr, der Schuh mit goldner Schnall'.

Stolz Botelid, sie schreitet nun gar prächtig durch die Tür,
der König sich gar gnädiglich verbeugt vor ihr.

Der König, er umarmt sie nun und setzt sie auf den Thron.
Nun hieß sie nur Frau Königin und trug eine goldne Kron'.
Sie sprach: Lust hab' ich zu reiten.

Der kleine Bootsmann.

Jungfrau saß im Hochgemach,
wirkte Gold gar fein,
kam ein kleiner Bootsmann,
guckte herein.
Doch sie spielten, sie spielten Goldwürfel.

„Und hör, du kleiner Bootsmann,
was ich dir sage hier:
Möchtest du spielen
Goldwürfel mit mir?“

„Wie aber sollt' ich spielen
Goldwürfel mit dir?
Hab' ich doch kein rotes Gold
zu setzen ein dafür.“

„Setz du nur ein dein Jäcklein,
dein Jäcklein grau setz ein!
Ich aber setze dagegen
zwei Goldringelein.“

Zum ersten der Würfel
aufs Brettlein hinrollt,
verlor der kleine Bootsmann,
gewann die Jungfrau hold.

„Und hör, du kleiner Bootsmann,
was ich dir sage hier:
Möchtest du spielen
Goldwürfel mit mir?“

„Wie aber sollt' ich spielen
Goldwürfel mit dir?
Hab' ich doch kein rotes Gold
zu setzen ein dafür."

„Setz du nur ein dein Hütlein,
dein Hütlein grau setz ein!
Ich setze meine Goldkron,
vielleicht wird sie dein."

Zum zweiten der Würfel
aufs Brettlein hinrollt,
verlor der kleine Bootsmann,
gewann die Jungfrau hold.

„Und hör, du kleiner Bootsmann,
was ich dir sage hier:
Möchtest du spielen
Goldwürfel mit mir?"

„Wie aber sollt' ich spielen
Goldwürfel mit dir?
Hab' ich doch kein rotes Gold
zu setzen ein dafür."

„Setz du nur ein dein Strümpfelein,
die Schühlein blank setz ein!
Ich setze meine Ehre,
dazu die Treue mein."

Zum dritten der Würfel
aufs Brettlein hinrollt,
gewann der kleine Bootsmann,
verlor die Jungfrau hold.

„Und hör, du kleiner Bootsmann,
geh du von hinnen schnell!
Im Fluß ein schwimmend Schifflein,
das schaff' ich dir, Gesell."

„Im Fluß ein schwimmend Schifflein
bekomm' ich, wie ich kann.
Ich fordre jetzt die Jungfrau,
die ich im Spiel gewann."

„Und hör, du kleiner Bootsmann,
geh du von hinnen schnell!
Ein Hemdlein ganz von Seiden,
das schaff' ich dir, Gesell."

„Ein Hemdlein ganz von Seiden,
bekomm' ich, wie ich kann.
Ich fordre jetzt die Jungfrau,
die ich im Wurf gewann."

„Und hör, du kleiner Bootsmann,
geh du von hinnen schnell!
Mein Königreich zur Hälfte,
das geb' ich dir, Gesell."

„Dein Königreich zur Hälfte
bekomm' ich, wie ich kann.
Ich fordre jetzt die Jungfrau,
die ich im Wurf gewann."

Die Jungfrau geht ins Kämmerlein
und kräust ihr Haar gar fein:
„Gott gnad' mir armen Jungfrau
um solche Hochzeit mein!"

Bootsmann geht hin und wieder,
er spielt mit seinem Schwert:
„Dir wird so treffliche Hochzeit,
wie du nur immer wert!

Ich bin ja kein Bootsmann,
ob also auch zu schaun:
Ich bin der beste Königssohn
auf Englands grünen Au'n."
Doch sie spielten, sie spielten Goldwürfel.

Herr Nils und Stolz Inga.

Herr Peder, er kam nach Hause vom Thing,
Stolz Inga, seine Tochter, ihm entgegenging.
— Hier tanzen Frauen und Mädchen. —

„Willkommen, du lieber Vater mein.
Was bringst du Neues vom Thinge heim?"

„Das ist das Neueste, das ich dir bringe:
Verlobt ist meine Tochter Stolz Inge."

„Und bin ich von heut an denn eine Braut,
Gott geb', daß der Bräut'gam, mein Liebster, sei traut!

„Ich weiß nicht, wer dein Trautgesell ist —
Herrn Tiedmans Braut du geworden bist."

„Meine Treue hab' ich Herrn Nils gegeben,
ihm gehört meine Liebe und mein jungfrisches Leben.

Ach, hätt' ich doch einen Boten gewandt,
der die Botschaft legt in des Liebsten Hand!"

Der Knabe wohl springt auf das rote Roß,
wie Sturmeswehn er von dannen schoß.

„Herr Nils! Und du sitzest beim funkelnden Wein?
Herr Tiedemann umschmeichelt die Liebste dein.“

Da Herr Nils wie der Blitz von dem Stuhle aufsprang,
der braune Met floß die Tische entlang.

Herr Nils wohl auf seinen Renner sprang,
man hört es gar weit, wie sein Goldsporn klang.

Er reitet und jagt, wie der Sturmwind weht,
kommt an, als der Brautführer vor dem Tore steht.

Und er springt in den fröhlichen Tanz hinein,
singt ihnen ein Liedlein von Liebe so fein.

So singet und scherzt er mit Liedern gar fein,
bis er stand bei der Herzallerliebsten sein.

Hoch geht der Tanz wohl hinein und hinaus —
Herr Nils führt die Braut wohl zur Türe hinaus.

Man sang und man tanzte noch hin und her —
Herr Nils hob die Braut auf sein hohes Pferd.

Und es dauerte nur eine kurze Weil,
in den Hof seiner Mutter er sprengte in Eil.

„Sei mir willkommen, Herr Sohne mein,
wie gewannst du so schnell doch die Liebste dein?“

„Was Schild und Speer nicht konnten zwingen,
ein Liebeslied tat sie erringen!“

Ivar Jonsson.

Und kennt ihr Ivar Jonsson?
Das war ein Mann!
Er führte die dänische Königin
ins Schwedenland.
Nun kennt ihr Ivar Jonsson.

Es geht ein Tanz am Inselstrand,
da tanzt Ivar Jonsson
auf kühlem, silberhellem Sand
an der Hand der Königin.

„Denkt Ihr wohl noch an jene Zeit,
Frau dänische Königin,
als fort Ihr zogt in des Schweden Reich,
zu werden des Königs Gemahl?

Denkt Ihr daran, wie als Jungfrau hold
wir Euch schickten ins fremde Land?
Mit leuchtender Krone aus purem Gold
und Kisten und Kasten so schwer?“

Und der König aus dem Schwedenland,
— er trug ein so prächtiges Kleid —
er sprach: „Wer tanzt dort auf weißem Sand
mit meiner Königin?“

Antwortet ihm ein Knappe klein,
der Dienst bei dem König tat:
„Es ist Herr Ivar Jonsson fein,
Ihr kennet ihn so gut.“

„Dann tanze nur, Ivar Jonsson stolz,
und freue dich noch, wenn du magst.
Ich hänge dich ans dürre Holz,
wenn anbricht der neue Tag!“

Und das war Ivar Jonsson kühn,
er zeigte keine Furcht,
sprang schnell trotz Harnisch und Eisenschien'
wohl in sein Schiff hinein.

Und er gab dem Schiff gar gewaltigen Stoß:
„Braucht eure Ruder mit Fleiß!
Der König liegt wohl auf Oelsberg Schloß,
hat mich in die Acht erklärt.

Unser König und Herr wohl vor Oeland weilt,
bereit zu Kampf und Streit.
Taucht ein die Ruder, Gesellen, eilt
und bringt mich hin zur Stell.“

Das war Herr Ivar Jonsson gut,
er schwang seinen Hut mit Macht:
„Ich wünsche der dänischen Frau Königin
viel tausend gute Nacht.

Und soll ich von hier nun scheiden
aus dieser schönen Stadt,
so soll die nach mir weinen,
die ich nicht gebeten hab'.

Und soll ich von hier nun scheiden
aus diesem schönen Ort,
so soll sie nach mir weinen
viel Tränen immerfort.“
Nun kennt ihr Ivar Jonsson!

Fröhlicher Tanz.

Laßt beginnen uns einen gar fröhlichen Tanz!
Wir wollen wohl binden beides: Krone wie Kranz.
Zum Tanze!
Juchhei! Ein fröhlicher Tanz!
Juchhei! Beides: Krone wie Kranz.
Zum Tanze!

Schön bist du, wenn im Tanze du lächelnd so fliegst,
und schön, wenn du hold an den Liebsten dich schmiegst,
du Kleine!
Juchhei! Du tanzest und lachst,
du Kleine!

FÆRØER

Skrymmer Lied

Das war um die frühe Morgenstund',
das ist mir wohl im Sinne,
fuhr der Bauer nach dem Walde fort,
Äpfel und Kräuter zu finden.
— Winter der schwindet, Sommer der kommt,
Erde, die wird nun so heiter!
Wachsen so liebliche Kräuter! —

Da zog auf ein finstres Wetter,
und die Sonne, die ging nieder,
wär' der Bauer gern und froh
heim wohl in der Halle wieder.

Da zog auf ein finstres Wetter,
Dämmrung ward's alsbalde,
wär' der Bauer gern und froh
heim und aus dem Walde.

Da erglänzt es durch die Finsternis,
da erglänzt es fern am Wege,
aus dem Walde Skrymmer kommt,
grad dem Bauern entgegen.

Skrymmer steigt zur Erd' hinauf,
Odin macht ihn so stark und groß,
in Händen er ein Brettspiel hält,
steuert grad auf den Bauern los.

In Händen er ein Brettspiel hält,
war von weißem Elfenbein,
und die Stein' und Würfel waren
all von Golde rot und rein.

Riese drauf die Worte sagte,
ungeschlachter, böser Jöte:
„Setz dich nieder, guter Freund,
spielen wollen wir im Brette!"

Bauer aber sagte: „Nein!
Dieses kann ich nicht vollbringen,
lernte nicht im Brette spielen,
gab nie mich ab mit solchen Dingen."

„Mußt doch mit mir spielen, Freund",
sprach der Riese wieder.
„Deinen Kopf gilt's oder meinen,
weder Haus noch Güter."

Bauer stand auf grünem Feld,
tät auf Rat da sinnen,
seine Streithandschuh' zog er an,
ob er wohl könnte gewinnen.

Bauer, obwohl er zögern will,
muß sich zum Spiel entschließen,
und das Ende fiel also aus,
daß er bezwang den Riesen.

Und die beiden spielten nicht
um Haus und Gut und Garten —
Skrymmer büßt' Leib und Leben ein,
Haupt und Hals so harte.

„Im Brette hast überwunden du mich,
das diene dir nicht zum Bösen.
Sag nun, womit ich meinen Leib
und auch mein Leben kann lösen."

„Willst du lösen deinen Leib,
mußt du mir bescheren
Bier und Wein und Eichelschwein,
was nur mein Herz kann begehren!

Führe dann vor die Halle mir
eine Burg so lang und breit,
beides mit Bier und Weingärten,
alles für die Ewigkeit.

Unten da soll ein Estrich sein,
Porzellan so wie die Zinnen.
Das Dach, das sei von blauem Blei,
vom besten, das zu finden.

Unten da soll ein Estrich sein
von weißem Marmorsteine.
Gedeckt sei es mit Zedernholz,
die Keile von Elfenbeine.

Sollen Heldenbetten sechs
stehen da in der Halle,
Laken und Teppiche drüber, reich
voller Phönixfedern alle.

Seien Heldenbetten sechs,
alle von Schwan'daun' voll.
Purpurkleider liegen drauf
und reines rotes Gold.

Auch ein Brunnen soll dabei sein,
Edelborn genannt,
voll sei der von köstlichem Trank,
in der ganzen Welt bekannt.

Da soll auch ein Heil-Brunnen sein
und durch die Bäume fließen.
In meinem Lande soll kein Mensch
von Krankheit und Siechtum wissen.

Da soll mir keiner krank mehr sein,
außer wer selber will sterben.
Sonst hau' ich gleich das Haupt dir ab,
mußt wie ein Hund verderben.

Und: es soll von selber Speis' und Trank
auf dem Tische stehen sofort!"
Riese will nicht seinen Leib verlieren,
drum hält er treu sein Wort.

Bauer, der spricht zum Weibe sein,
als er kommt heim zur Nacht:
„Nun wirst du mich bald wachsen sehn
an Reichtum und an Macht."

Bauers Weib die Worte sprach
und zu weinen tät anheben:
„Das macht Skrymmer gewiß noch so,
daß es dir kostet das Leben!"

Bauer, der schläft sanft und süß
in seines Weibes Armen.
Riese, der trägt Gold zusammen,
so müde und schwer von Harme.

Skrymmer befähret See und Land
und steigt über Berg und Tal,
er bringt eine Burg vor des Bauers Tür
mit Gold und Schätzen zumal.

Bauer kam 'raus am frühen Morgen,
draußen sich umzusehen.
Da sieht er eine große Burg
vor seiner Türe stehen.

Bauer kam raus am frühen Morgen,
alles ist, wie es muß sein.
Riese greift an die Hüfte sich
und jucket sich an dem Bein.

Bauer ging in den grünen Garten,
er war so fett und rot.
Sie ließen ihn in die Burg hinein,
nun hat er keine Not.

Bauer umarmte sein Weibchen froh,
als er kam heim zur Nacht.
„Zehn Könige", spricht er, „oder zwölf
haben weniger Reichtum und Macht."

Des Bauern Weib war an Kindern reich,
an Prachtkleidern und Scharlach rot.
„Aber ich bin bang vor des Riesen Rat,
der lauert auf deinen Tod!"

Bauer, der hatte noch Lust zum Leben,
lebte wohl aus und ein.
Müde aber ist meine Zunge geworden
und es fällt mir nichts mehr ein.

DAS LODBROKSLIED

Wir schwangen die Schwerter,
als ich in Schweden
vor Thoras Turm
den Hüter, den Drachen,
erlegte mit Lachen,
den wütigen Wurm.
Mein Weib zu werden,
hielt ich sie wert,
rings ward auf Erden
mein Name geehrt.

Wir schwangen die Schwerter!
Ob jung noch an Jahren,
war mündig mein Mut.
In östlichen Reichen
mußt' mancher erbleichen
und baden in Blut.
Welch Sicheln und Mähen,
bis matt der Arm!
Welch Mahl dem Krähen-
und Rabenschwarm!

Wir schwangen die Schwerter!
Acht Fürsten faßten
zur Schlacht den Entschluß.
Ob jung ich: Erlegen
sind doch mir die Degen
am Dünafluß.
Zum Strande glitten
Blutströme rot;
die Raben litten
wohl nimmer Not.

Wir schwangen die Schwerter!
Und weit in den Wolken
wettert' es nach.
Auf Ullarakrs Heiden
mußt' Eysten erleiden
wohl Schimpf und Schmach.
Er floh; wir zerklaubten
mit Schwertern und Pfeil
die Schädel und raubten
den Reichtum derweil.

Wir schwangen die Schwerter,
sie härtend in Fluten
des Herzensquells.
Pfeilschüsse erklangen
und Schilde zersprangen
auf Bornholms Fels.
König Vulnir bracht' es
ein Birtingsbad,
und der Walstatt Wölfe,
sie wurden satt.

Wir schwangen die Schwerter,
den Feind gleich fällend,
wo er sich fand;
Valthiof und die Briten,
die kühn für ihn stritten,
sie küßten den Sand.
So hielten wir Mette
und Chorgesang —
Von Stätte zu Stätte
das klirrend klang.

Wir schwangen die Schwerter!
An Schottlands Schwell'
in der Hjadingabucht
wir Brünnen zerbrachen,
Helmstürze zerstachen
mit der Wehre Wucht.
Wir spannten den Bogen
mit gleicher Lust,
als Liebe wir pflogen
an Weiberbrust.

Wir schwangen die Schwerter!
Als Herthiof sich wehrte
und Sieg gewann
und Ragnvald der Rache
erlag und die Lache,
die rote, rann:
Da klagten die Raben,
sie waren verwaist,
die er, sie zu laben,
mit Leichen gespeis't.

Wir schwangen die Schwerter!
Die neidische Norne,
gesieget hat sie!
In Wolken ihr Walten
hemmen und halten,
wer kann's wie sie?
Daß kommen es konnte,
wer hätt' es gedacht:
Der Ruhm des Reichs
ist in Ellas Macht!

Wir schwangen die Schwerter!
Erführen die Ferkel
des Ebers Qual,
wie grunzten sie! Würden
auf Ella sie bürden
wohl tausend Mal.
Auf, Aslaugs kühne
Söhne, bereit,
daß Rache sühne
des Alten Leid!

Wir schwangen die Schwerter!
Das Leben nachtet
mir nun gemach.
Die Nattern nagen;
die stürmischen Klagen
verstummen jach.
Ist Ella erschlagen
und sein Geschlecht,
dann soll man erst sagen,
ich sei gerächt.

Das Lied, es endet!
Mein Leid sich nun wendet,
die wüste Qual.
In Odins Hallen
labt mich vor allen
dann Met beim Mahl —
Leicht wird's mir machen
die letzte Pein;
ich geh' mit Lachen
zum Tode ein!

Die Brüder

Es waren Jon und Asbjarn
ein herrlich Brüderpaar;
ich wüßte nicht, daß edleres
je eine Mutter gebar.
— Das waren Männer und rühmliche Helden! —

Ich hör's noch, wie die Kunde
davon das Thing durchflog,
als nach Jerusalem Herr Jon
zum heiligen Grab zog.

Herr Asbjarn gab eine Strecke
des Wegs ihm das Geleit:
„Fahr wohl, mein Bruder! Ich schirme
daheim dein Recht allezeit."

Das ist der junge Sigrljotr,
gar lieblich von Gestalt,
der freiet Fräulein Sesselju,
die Braut Herrn Jons, alsbald.

Und kaum vernimmt's Herr Asbjarn,
der männlich wackre Held,
als er mit scharfer Waffe
im Kampf den Bräutigam fällt.

Das aber war Herr Asbjarn —
der König diesen stieß,
an Hand und Fuß gefesselt,
ins finstere Verlies.

Herr Jon auf fernem Meere
aus bösem Traum erwacht:
„Gleich wendet mir die Schiffe,
ihr Mannen, gebet acht.

Ich hab's im Traum gesehen,
das Herz bedrückt's mir schwer:
Mein Bruder Asbjarn sehnt sich
nach unserer Hilfe sehr."

Sie rudern wieder heimwärts
mit unverdroßnem Mut,
so daß aus jeder Pore
in Strömen dringt das Blut.

Herr Jon betritt als erster
die heimatliche Erde;
er sieht einen jungen Hirten
im Felde bei der Herde.

„Herr Jon, sei hochwillkommen!
Vieledler, höre dies:
Dein Bruder Asbjarn schmachtet
im finstersten Verlies.“

„Hab Dank, du junger Knabe;
zum Lohne schenk' ich dir
mit diesem Gold und Gürtel
noch der Gehöfte vier.“

Die kühnen Mannen durchdrangen
des Kerkers Mauerwall
und zerschlugen dem Gefangenen
die schnöden Fesseln all.

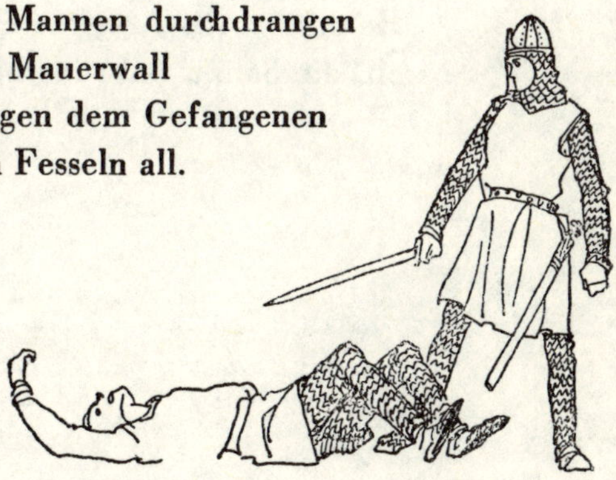

Herr Jon darauf gar kecklich
in die Königshalle tritt,
und unterm Mantel bringt er
sein Schwert, das treue, mit.

Am Tische steht der Page,
der Wein dem König reicht;
Herr Jon schlägt ihn zu Boden,
daß er im Tod erbleicht.

„Herr Jon, Herr Jon, das höre:
Dein Schwert, steck es nur ein!
Dein soll ja Jungfrau Sesselju
und dein auch Grikland sein.“

„Ich stecke nicht ein die Waffen,
und ich frage dich nicht sehr.
Heimführ' ich Jungfrau Sesselju,
eh' die Sonne sinkt ins Meer.“

Dann trat er auf den Marschall zu,
der vor dem König stand,
und hieb auch den zu Boden
mit dem Schwert in wucht'ger Hand.

„Herr Jon, Herr Jon, das höre:
Laß ab von solcher Art!
Steck ein dein Schwert und ende
nun deine Pilgerfahrt!"

„Das laß dich nur nicht kümmern,
das kümmert mich allein;
ich werde, wenn ich lebe,
dort dieses Jahr noch sein!"

Nicht trocknet' er am Schwerte
das Blut; mit wucht'ger Hand
erschlug er damit den König,
so wie er ging und stand.
— Das waren Männer und rühmliche Helden! —

Das Gunnarslied.

Gunnar, der Kämpe, schoß, da sprang
ihm an seinem Bogen der Strang.

„Halgerd, zeige nun, wie du mich liebst
damit, daß du eine Locke mir gibst."

„Sag mir, warum ich missen sollt'
Haar meines Hauptes, das so lang und gold?

War es mir immer die größte Zier!
Wozu begehrst du's? Sag es mir!"

„Feinde folgen; zu ihrem Empfang
gib es, sonst wird es mein Untergang.

Gib mir zum Bogen des Hauptes Haar,
wachsend schon nahet sich die Gefahr!"

„Nun denn, nach allem, was mir widerfuhr,
flehst du umsonst um ein Löckchen nur.

Noch nicht hab' ich's verschmerzt genug,
wie deine Hand auf die Wange mich schlug."

„Halgerd, so soll man durch alle Lande
lang des gedenken zu deiner Schande."

Bitterlich weinet die Mutter: „Mein Haar,
nimm es und rette dich aus der Gefahr!"

„Niemals! Eh' falle dem Feinde mein Haupt,
ehe man meiner Mutter eines Härchens beraubt!"

Das Würfelspiel

Wie ist so schön die Sommerzeit,
da wird holdselig jede Maid.
— Und die Vögelein singen so hell. —

Die Frauen kleiden sich, lieblich zu schaun,
in Seiden und Sammet, verbrämt mit Daun'.

Die Füßchen stecken im feinen Schuh;
sie pflegen unter den Linden der Ruh'.

Der Hirsch durchschweift des Waldes Reich;
die Fischlein spielen im sonnigen Teich.

Das Fräulein saß im Frauensaal
und würfelt' und würfelte manches Mal.

Der Ritter fünfe hielten ihr Stand,
doch jeglichen noch sie überwand.

Von dem einen gewann sie Mantel und Hut,
von dem andern gewann sie manch stolzes Gut.

Kein Junggesell war hier so klug,
er wäre beim Spiel ihr klug genug;

kein einziger als jung Limik allein,
der aber schien so kalt wie Stein.

Der sprach: „Jungfräulein, ich wag's mit euch,
ich setze mein Roß und mein Sattelzeug.“

„Ich biete nichts minder, mein Ritter wert:
Den schönsten Sattel, das prächtigste Pferd.“

Es klirrten die Würfel und rollten dann:
Jung Limik verlor, das Fräulein gewann.

Das Fräulein lachte mit keckem Mut:
„Das heiß' ich doch wahrlich gewürfelt gut!

So bringt mir's, ihr Knappen, und rühret euch,
zusammen gehören so Roß wie Zeug.“

„Habt, Fräulein, zu würfeln Ihr noch einmal Mut?
Es gelte mein Gold, es gelte mein Gut!“

„Ich setze, was mir mein Gewinn hat beschert,
das wird Euch genügen, mein Ritter wert."

Es klirrten die Würfel und rollten dann:
Jung Limik verlor, das Fräulein gewann.

Das Fräulein lachte mit keckem Mut:
„Das heiß' ich doch wahrlich gewürfelt gut!

Auf, Mannen, die ihr mir's erheben sollt!
Zusammen gehören ja Gut und Gold."

Er eilte hinaus in des Waldes Hut
und flehte zum Herrn und zu Sankt Knud.

„Beim heiligen Kreuz, beim heiligen Grab!
Nicht würfle das Fräulein das Leben mir ab!"

Er flehte zum Herrn und zum heiligen Schrein,
daß er sich erwürfle das Jungfräulein.

„Wollt Ihr noch würfeln, Fräulein, sprecht!
Ich setze mein Haupt, wenn es Euch recht."

„Wohlan, mein Jungherr, und mag es denn sein:
Ich setze dagegen mein Leben ein.“

Es klirrten die Würfel und rollten dann:
Das Fräulein verlor, jung Limik gewann.

Der Ritter lachte mit keckem Mut:
„Das heiß' ich doch wahrlich gewürfelt gut!

Laßt Mannen, die Fackeln der Freude jetzt flammen,
denn Jungherr und Jungfrau gehören zusammen!“

„Nehmt hundert Mark von rotem Gold,
wenn Ihr die Freiheit mir lassen wollt!“

„Kein Ritter wär's, nein, ein schlechter Held,
der ein Jungfräulein gäb' um schnödes Geld!

Auf, zündet die Fackeln, die Lust werde wach,
und leuchtet uns hin in das Brautgemach.“
— Und die Vöglein singen so hell. —

OLØF

Der König reitet aus und find't
— Jung liebt' ich einen Ritter —
im Felsgeklüft ein zartes Kind.
— Im schattigen Raum
gedenke ich heimlich der Liebe Traum. —

Er hebt das Knäblein auf und spricht:
„D i e Mutter denkt nicht ihrer Pflicht."

Dann hüllt er es in Seide zumal
und eilet zu dem Frauensaal.

Und seine Hand pocht an die Tür:
„Komm, Tochter Olof, öffne mir!"

„Ich kann's nicht, da allein ich bin,
zur Hand ist keine Dienerin."

Er brauchte List und brauchte Gewalt
und schob die Riegel fort alsbald.

Sie bringt den Sessel emsiglich:
„Herr Vater, komm und setze dich!“

„Ich schien recht wenig dein Herr zu sein,
daß du nicht ließest mich herein!

Ist dir dies zarte Kind bekannt,
das draußen im Gebirg’ ich fand?“

„Was kümmert’s mich, was geht’s mich an?
Nur wenig deß ich achten kann.“

„Wie kommt’s, daß — Tochter — in der Tat,
das Knäblein deine Augen hat?“

„Bedenke doch, mein Vater reich,
wie mancher Mensch sieht anderm gleich.“

„Doch sage, meine Tochter, gleich,
warum sind deine Wangen so bleich?“

„Ich bin nicht bleich, bin nur verwacht,
ich schlief so schlecht die letzte Nacht.“

„Du, Tochter, mir's erklären mußt,
es fließt ja Milch aus deiner Brust."

„Es ist nicht Milch, nicht Wein die Flut,
es ist mein rotes Herzensblut."

„Sprich, wem gehört der graue Hengst,
den ich vorm Schlosse sah unlängst?"

„Kein Hengst war es; wie ich erfuhr,
war's vom Gebirg' die Hinde nur."

„Wann trug je, sag mir's doch geschwinde,
wohl goldnen Sattel eine Hinde?"

„Sei's, was es sei und solle,
vielleicht auch war's nur Ackerwolle."

„Und wem gehört der schöne Mund,
den du geküßt im Quellengrund?"

„Kein Ritter war's von deinem Hofe,
es war nur meine kleine Zofe."

„Sie trug, wenn's eine Zofe war,
wie Ritter kurz geschnitten' Haar."

„Es war ihr Haar geschnitten nicht,
in Locken hing's ihr ums Gesicht."

„Wann trugen Zofen am Füßchen vorn
Goldschnall' und an der Ferse den Sporn?"

„Kein Sporn war's, den du da erblickt,
es waren Schuhe mit Gold gestickt."

„Wann tragen Zofen die Kleider geschürzt
und wie das Wams der Ritter verkürzt?"

„Das Röckchen empor die Zofe hält,
wenn naß der Tau liegt auf dem Feld." ...

Der König rief den Dienern dann:
„Geht, macht im Wald ein Feuer an!"

Der König rief den Dienern sein:
„Nun sattelt rasch die Pferde mein!"

Sie stiegen dann zu Roß alsbald
und ritten in den grünen Wald.

„Nun werft den Knaben in die Glut!
Sieh's an, o Tochter, hast du Mut!"

Mit Hast ergriff sie da das Kind
und preßt' es an das Herz geschwind.

„Das höre nun, mein Töchterlein,
dies Feuer soll dein Brautbett sein."

Als an den Pfahl man Olof band,
stand gleich in Flammen ihr Gewand.

Als in ihr Kleid die Flamme sprang,
sie bat um einen kühlen Trank.

Die Mutter eilte voll Entsetzen,
mit einem Trunke, sie zu letzen.

Ihr Bruder kam; er sah die Glut,
sah wie im Felde floß ihr Blut.

Es kamen ihre Schwestern dann,
des Leides bittre Träne rann.

Da flatterten schnell von Osten herbei,
in der Glut sich begegnend, der Täubchen zwei.

Sie nahmen, als Olof ausgestritten,
die Seele wohl in ihre Mitten.

Sie trugen sie auf in den Himmel zur Stund',
— Jung liebt' ich einen Ritter —
den König verschlang der Hölle Schlund.
Im schattigen Raum
Gedenke ich heimlich der Liebe Traum. —

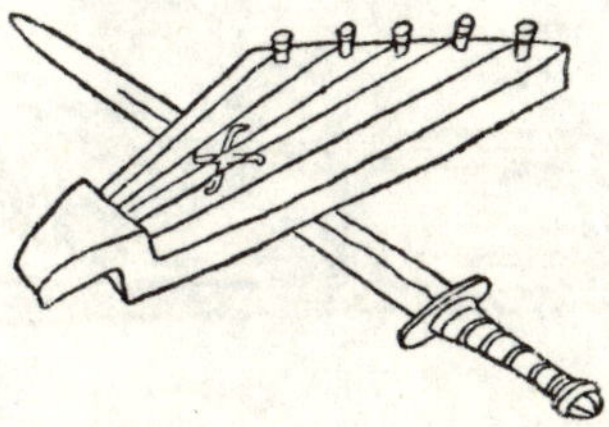

Junker Martin.

Der Junker Martin redet
also die Seinen an:
„Wer sagt, wie aus dem Kloster
mein Lieb ich holen kann?"

„Leg hin dich auf die Bahre
und tu, als wärest du tot,
dann wirst du wohl ins Kloster
getragen ums Abendrot."

Da ging durchs Land die Rede
von seiner Not und Qual,
wie sich sein Leiden mehre
mit jedem Tage zumal.

Da ging durchs Land die Kunde,
als fünf der Tage vorbei,
daß Junker Martin plötzlich
dahingeschieden sei.

Aus gingen die Klosterjungfern,
die Schar, sie sang so helle,
sie trugen Jung Martins Leiche
wohl hin in die Kapelle.

Vorüber ist die Messe,
die Nonnen schreiten hinaus.
Zurück bleibt nur Lucia
im stillen Gotteshaus.

Hier sang sie heilige Lieder,
sang drei wohl oder vier,
da ward der Tote lebendig
und wandte sich zu ihr.

„O hört mich, Jungfrau Lucia,
und seid nur nimmer bang,
es harren in Filils Hofe
viel Rosse unser lang.

O hört mich, Jungfrau Lucia,
laßt fahren Sorg' und Leid:
Wohl hundert gepanzerte Männer,
die geben uns das Geleit."

Bald hörte man durch die Lande
ein Lied zu Harfenlaut,
wie Martin aus dem Kloster
heimführte seine Braut.

Da gingen die Klosterjungfern
und sprachen, jede bei sich:
Gäb's Gott, der Vater im Himmelreich,
ein Engel holt' auch mich!"

Inhalts- und Literaturverzeichnis

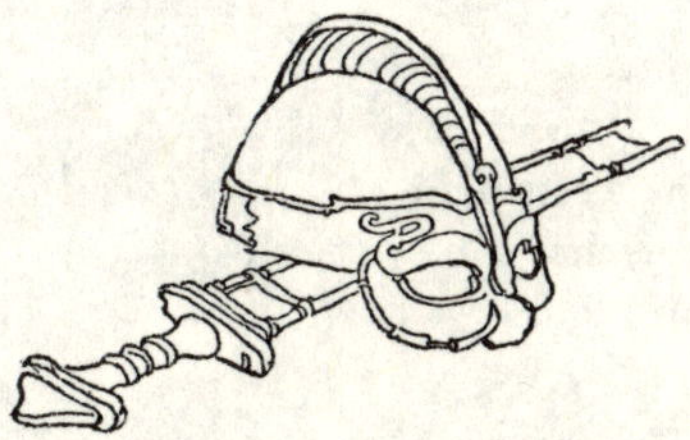

Inhaltsverzeichnis

Verzeichnis nach den Anfängen

Literaturverzeichnis

DER NORDEN

Bonus, A.: Nordgermanische Balladen der Frühzeit. — Hamburg, o. J. (Auswahl nach R. Warrens „Germanische Volkslieder der Vorzeit“.)

Jerk, J.: Zauber, Traum und Totenreich im nordischen Volkslied. — In: „Die Drei“ 9, 198—207.

Jonsson, F.: Das Harfenspiel des Nordens in alter Zeit. — Sammelb. Intern. Musikges. 9, 530 f.

Leifs, J.: Altnordische Volksmusik. — „Der Auftakt“ 14, 18 u. „Nordische Welt“ 1933, Heft 5/6, S. 15 bis 18.

Schmidt, E.: Briefwechsel der Gebrüder Grimm mit nordischen Gelehrten. — Berlin 1885.

DÄNEMARK

Binzer, C. C.: Dänische Volkslieder, ins Deutsche übertragen.— Schleswig und Flensburg 1855.

Gräter, Fr. D.: „Bragur“. Ein literar. Magazin der deutschen und nordischen Vorzeit. — Leipzig 1792. Nordische Blumen. — Leipzig 1789.

Grimm, Wilh.: Altdänische Heldenlieder. — Heidelberg 1811. (Neuausgabe von M. Kuckei. — Wedel 1942.)

Herder, J. G.: Stimmen der Völker in Liedern. — Hamburg 1778.

Kranz, A.: Dänische Volkstänze. — Leipzig, o. J.

Möller, H.: Skandinavische Volkslieder (Klaviersatz). — Mainz, o. J. S. 46—48 dän. Volkslieder.

Sander, L. C.: Auswahl altdän. Heldenlieder und Balladen. — Kopenhagen 1816.

Stolpe, P. M.: Dagspressen i Danmark. — Kopenhagen 1878/82. (Enthält deutsche Flugblätter.)

Talvj: Versuch einer geschichtlichen Charakteristik der Volkslieder germanischer Nationen. — Leipzig 1840.

Warrens, R.: Dänische Volkslieder der Vorzeit. — Hamburg 1858.

Wolff, O. L. B.: Halle der Völker. — Frankfurt a. M. 1837.

*

Alpers, P.: Untersuchungen über das alte niederdeutsche Volkslied. — Norden 1913 (Niederd. Jahrb.).

Bolte, J.: Deutsche Lieder in Dänemark. — Sitzungsberichte der Pr. Akademie d. Wiss. Phil.-hist. Kl. 1927, 20 S. 180—205.

Danckert, W.: Das europäische Volkslied.— Berlin 1939. S. 147 ff.

Gering, H.: Das dänische Volkslied Paris og Dronning Ellen und seine Quelle. — Beitr. zur Gesch. der deutschen Sprache u. Lit. 44, 180 bis 182.

Heinitz, W.: Organologische Studie an den Varianten eines Dronning Dagmarliedes. — Acta musicologica 3, 156—165.

Hensel, W.: Altdänische Ballade von der Jungfrau im Würmerkleid. — „Lied und Volk“ 9, 96. Kassel 1936.

Kuckei, M.: Deutsch-dänische Liedverwandtschaft. — Nordelbingen — Flensburg 1942.

—: Niederdeutsches Liedgut in Dänemark. — Quickborn 3. Hamburg 1942.

Mertens, K.: Die Entwicklung der engl.-schott. Volksballaden im Verhältnis zu den dänischen Folkeviser. — (Diss.) Halle 1925.

Silcher, L.: Die dänischen Balladen aus dem Kreis der Dietrichsage. — Rostock 1929. (Diss. Tübingen.)

Thuren, Hj.: Das dänische Volkslied. — Zeitschr. Int. Musikges. 9, 13—18. — Tanz und Tanzgesang im nord. Mittelalter nach der dän. Balladendichtung. — Ebenda 9, 209—216; 239—244.

Tuschke, L.: „Faier Janet“ u. „Kong Valdemar og hans Söster“. Ein Beitrag zur Frage der Beziehungen zw. engl.-schott. u. skandinav. Volksballaden. — Berlin 1940.

NORWEGEN

Heyden, R.: Nordische Volksmärsche. — 16 Bauernmärsche aus Norwegen und Schweden. — Hannover, o. J.

Kranz, A.: Rund um Deutschland. Volkstänze. Bd. 1: Norwegische Tänze. — Leipzig, o. J.

Möller, H.: Skandinavische Volkslieder. — Nr. 19—31 norwegische Volkslieder. — Mainz, o. J. („Das Lied der Völker“.)

Schjelderup, G.: Norwegische Volkslieder für Männerchor. — Leipzig 1908.

Warrens, R.: Norwegische, Isländische, Färörische Volkslieder der Vorzeit. — Hamburg 1866.

*

Bolte, Joh.: Skandinav. Volkslieder. — Jahresberichte german. Philol. 38 (1916), 2, 82 ff.

Danckert: Das europäische Volkslied. — S. 167—177.

Due, A.: Draumkvädet (Das mittelalterl. norweg. Traumlied). — In: Die Singgemeinde 3, Heft 4, S. 109 f. — Augsburg 1927.

Heusler, A.: Balladendichtung des Spätmittelalters, namentlich im skandinavischen Norden. — German.-roman. Mtschr. 10, 16—31.

Johansen, D. M.: Norwegische Musik und Deutschland. — In: Der Norden, 17. Jahrg., Heft 11, S. 350 f.

Möller, B.: Volkskunde, Vorgeschichte und Altertumskunde (nord. Volkslied-Bibliogr.) — Jahresber. german. Philol. 37 (1915), 2, 24—32.

—: (Nordisches) Volkslied und Volksmusik. — Ebenda 38, 2, 24 ff.

Lundell, J. A.: Skandinavische Volkspoesie — Pauls Grundriß der german. Philol. 2. Bd. 1. Abt. (2. Aufl. Straßburg 1901/09), S. 1135 ff.

Rauch, Chr.: Die skandinavischen Balladen des Mittelalters. — Programm Berlin 1873.

—: Bibliographie des skandinav. Volksliedes. — Jahresber. german. Philol. 1921, 80.

SCHWEDEN

Berens, H.: Die schönsten Volkslieder Schwedens. — Stockholm 1895.

Helwig, A. v.: Der Nordensaal. Eine Sammlung schwedischer Volkslieder, übersetzt von Amalie von Helwig, geb. Freiin v. Imhoff, mit Begleitung des Pianoforte. Nach den alten Gesang-Weisen bearbeitet von A. F. Lindeblad. — Berlin 1827.

Heyden, R.: Sechzehn Bauernmärsche aus Schweden und Norwegen. — Hannover 1936.

Kranz, A.: Rund um Deutschland. Volkstänze. — Bd. 1: Schwedische Tänze. — Leipzig, o. J.

Möller, H.: Skandinavische Volkslieder. S. 7—29. — Mainz, o. J.

Mohnicke, G.: Volkslieder der Schweden. — Berlin 1830.

—: Altschwedische Balladen, Märchen und Schwänke samt einigen dänischen Volksliedern. — Stuttgart und Tübingen 1836.

Schulten, G.: Schwedische Volkslieder. — Potsdam 1935.

Spohr, E., u. Gumbel, H.: Nordische Volkslieder aus Finnland und Schweden. — Frankfurt a. M., o. J.

Studach, J. L.: Schwedische Volksharfe mit einer Beilage von Norränaliedern und Melodien. — Stockholm 1826.

Ungewitter, F. H.: Volkssagen und Volkslieder der Schweden. — Leipzig 1840/42.

Warrens, R.: Schwedische Volkslieder der Vorzeit. — Leipzig 1857.

Weber, F. W.: Schwedische Volkslieder. — Paderborn 1871.

*

Bolte, J.: Deutsche Volkslieder in Schweden. — Zeitschr. f. vergl. Literaturwiss. N. F. 3, 275—302.

Danckert, W.: Das europäische Volkslied. — S. 115—147.

Lipphardt, W.: Schwedische Volkslieder. — Deutsche Musikkultur, 5. Jahrg., Heft 4 (1940), S. 89—100.

Moberg, C. A.: Die Volksmusikbewegung in Schweden. — Lied und Volk 6, 35—37 (1937).

Norlind, T.: Schwedische Schullieder des Mittelalters. — Sammelbände der Intern. Musikges. 2, S. 585 f. (1900/01).

—: Geschichte der schwedischen Musik. — Die Musik 3, Heft 22.

Schück, H.: Schwedisch-dänische Literatur. — Pauls Grundriß, Bd. 2, 1. Abt. (2. Aufl.)

Thierfelder, F.: Die Visa der schwedischen Liederbücher des 16. und 17. Jahrhunderts. — Greifswald 1922.

—: Auf deutschen Spuren in der älteren schwedischen Liedliteratur. — Deutsche Akademie, Mitteilungen 1926, 144—149, und Deutsche Sängerbundeszeitung 18, 535—557.

Valentin, K.: Studien über die schwedischen Volksmelodien. — Leipzig 1885.

FINNLAND

Altmann, J.: Runen finnischer Volkspoesie. — Leipzig 1856.

Kranz, A.: Rund um Deutschland. (Volkstänze.) — Leipzig, o. J.

Möller, H.: Volkslieder baltischer Länder. — Mainz, o. J.

Schiefner, A.: Kalewala. Das Nationalepos der Finnen. — Helsingfors 1852.

Schröter, v.: Finnische Runen. — Stuttgart und Tübingen 1834.

Spohr, E., u. Gumbel, H.: Nordische Volkslieder aus Finnland und Schweden. — Frankfurt a. M., o. J.

*

Brandsch, G.: Deutsches Liedgut in finnischen Volksweisen. — Jahrb. f. Volksliedforschung 2, 95—121.

—: Deutsches Lehngut in der finnischen Volksmusik. — Archiv des Vereins für siebenbürg. Landeskunde, Bd. 42, Heft 1 (1924), S. 225 f.

Ege, Fr.: Das finnische Volkslied. — Zeitschr. für Musik 108 (1941), S. 583 f.

Keese, F.: Ilmari Krohn: Die finnische Volksmusik. — Nordische Rundschau 8, 159 f. Berlin und Leipzig.

Krohn, J.: Über die typischen Merkmale der finnischen Volksliedmelodien. — Vortrag, gehalten auf dem 3. Kongreß der Internation. Musikgesellschaft in Wien 1909. (Kongreßbericht.)

Theil, R.: Das deutsche geistliche und weltliche Lied in Finnland. — Schriften zur Volksliedkunde und völkerkundlich. Musikwissenschaft. (In Vorbereitung.)

DIE FÄRÖER

Danckert, Das europäische Volkslied. — S. 160 f.

Möller, H.: Skandinavische Volkslieder. — Mainz, o. J. — Nr. 40.

Thuren, H. J.: Tanz, Dichtung und Gesang auf den Färöern. — Sammelbände der Internationalen Musikgesellschaft 3 (1901/02).

Vries, de: Bemerkungen über die Quellenverhältnisse d. färörischen Balladen. — Zeitsch. f. d. Ph. 56, 129—145.

Warrens, R.: Norwegische, isländische und färörische Volkslieder — Hamburg 1866.

Willatzen, P.: Altisländische Volksballaden und Heldenlieder der Färinger. — Bremen 1865.

ISLAND

Leifs, J.: Isländische Volkslieder. — Wolfenbüttel 1929.

Möller, H.: Skandinavische Volkslieder. — Mainz, o. J. — Nr. 41 und 42.

Warrens, R.: Norwegische, isländische und färörische Volkslieder. — Hamburg 1866.

Willatzen, P.: Altisländische Volks-, Balladen- und Heldenlieder der Färinger. — Bremen 1865.

*

Danckert, W.: Das europäische Volkslied. — S. 191 f.

—: Altnordische Volksmusik. — „Die Musik" 1937.

Hammerich, A.: Studien über die isländische Musik. — S. I. M. G. 1, 343 f.

Hornbostel, E. M. v.: Isländische Zwiegesänge. — Deutsche Islandforschung 1. — Breslau 1930.

Leifs, J.: Isländische Volksmusik. — Deutsche Militär-Musiker-Zeitung 56 (1934), 275 f.

—: Isländische Volkslieder. — Zeitschrift für Musikw. 11 (1929), S. 365 f.

—: Isländische Volkslieder. — Mitt. d. Islandfreunde 19, 1—2. Jena.

Maurer, K.: Zur Volkskunde Islands. — Z. d. V. f. Vkd. 1, S. 38 f.

—: Ein isländisches Lied auf Kaiser Friedrich den Rotbart. — Sitzungsberichte der Kgl. bayr. Akademie d. Wiss. zu München 1867, S. 134.

Seemann, E.: Zu „Unglückliche Nachtfahrt" (Böhme: Altd. Ldb. 73). — Jahrb. f Volksliedforschung 2, 139.

Treutler, P.: Isländische Volksmusik. — Völk. Musikerziehung 2, 484 bis 490. — Braunschweig.